Todos los libros de Linkgua Ediciones cuentan con modelos de Inteligencia Artificial entrenados por hispanistas. Pregúntale al chat de tu libro lo que desees acerca de la obra o su autor/a.

Para **ebooks:** Accede a nuestro modelo de IA a través de este enlace.

Para **libros impresos:** Escanea el código QR de la portada con tu dispositivo móvil.

Obtén análisis detallados de nuestros libros, resúmenes, respuestas a tus preguntas y accede a nuestras ediciones críticas generativas para una experiencia de lectura más enriquecedora.
La transparencia y el respeto hacia la autoría de las fuentes utilizadas son distintivos básicos de nuestro proyecto. Por ello, las respuestas ofrecen, mediante un sistema de citas, las fuentes con las que han sido elaboradas.

Autores varios

Constitución de Brasil

Barcelona 2024
Linkgua-ediciones.com

Créditos

Título original: Constitución de Brasil

e-mail: info@linkgua.com

ISBN rústica ilustrada: 978-84-9953-604-0.
ISBN tapa dura: 978-84-1126-357-3.
ISBN rústica: 978-84-9897-417-1.
ISBN ebook: 978-84-9816-971-3.

Sumario

Preámbulo

Nosotros, representantes del pueblo brasileño, reunidos en Asamblea Nacional Constituyente para instituir un Estado Democrático, destinado a asegurar el ejercicio de los derechos sociales e individuales, la libertad, la seguridad, el bienestar, el desarrollo, la igualdad y la justicia como valores supremos de una sociedad fraterna, pluralista y sin prejuicios, fundada en la armonía social y comprometida, en el odien interno e internacional, en la solución pacífica de las controversias, promulgamos bajo la protección de Dios, la siguiente Constitución:

Título I. De los principios fundamentales

Capítulo I. De los derechos y deberes individuales y colectivos

Artículo 1. La República Federal del Brasil, formada por la unión indisoluble de los Estados y Municipios y del Distrito Federal, se constituye en Estado Democrático de Derecho y tiene como fundamentos:

1. la soberanía;
2. la ciudadanía;
3. la dignidad de la persona humana;
4. los valores sociales del trabajo y la libre iniciativa;
5. el pluralismo político.

Párrafo único. Todo el poder emana del pueblo, que lo ejerce por medio de representantes elegidos directamente, en los términos de esta Constitución.

Artículo 2. Son poderes de la Unión, independientes armónicos entre sí, el Legislativo, el Ejecutivo y el Judicial.

Artículo 3. Constituyen objetivos fundamentales de la República Federal de Brasil:

1. construir una sociedad libre, justa y solidaria;
2. garantizar el desarrollo nacional;
3. erradicar la pobreza y la marginación y reducir las desigualdades sociales y regionales;

4. promover el bien de todos, sin prejuicios de origen, raza, sexo, color edad o cualesquiera otras formas de discriminación.

Artículo 4. La República Federativa de Brasil se rige en sus relaciones internacionales por los siguientes principios:

1. independencia nacional;
2. prevalencia de los derechos humanos;
3. autodeterminación de los pueblos;
4. no intervención;
5. igualdad de los Estados;
6. defensa de la paz;
7. solución pacífica de los conflictos;
8. repudio del terrorismo y del racismo;
9. cooperación entre los pueblos para el progreso de la humanidad;
10. concesión de asilo político.

Párrafo único: La República Federativa del Brasil buscará la integración económica, política, social y cultural de los pueblos de América Latina, con vistas a la formación de una comunidad latinoamericana de naciones.

Título II. De los derechos y garantías fundamentales

Capítulo I. De los derechos y deberes individuales y colectivos

Artículo 5. Todos son iguales ante la ley, sin distinción de cualquier naturaliza, garantizándose a los brasileños y a los extranjeros residentes en el País la inviolabilidad del derecho a la vida, a la libertad, a la igualdad, a la seguridad y a la prioridad, en los siguientes términos:

1. el hombre y la mujer son iguales en derechos y obligaciones, en los términos de esta Constitución;
2. Nadie está obligado a hacer o dejar de hacer alguna cosa sino en virtud de ley;
3. Nadie será sometido a tortura ni a trato inhumano o degradante.
4. es libre la manifestación del pensamiento, quedando prohibido el anonimato;
5. Queda asegurado el derecho de respuesta, proporcional al agravio, además de la indemnización por daño material, moral o a la imagen.
6. Es inviolable la libertad de conciencia y de creencia, estado asegurado el libre ejercicio de los cultos religiosos y garantizada, en la forma de la ley, la protección de los locales de culto y sus liturgias;
7. Queda asegurada, en los términos de la ley, la prestación de asistencia religiosa en las entidades civiles y militares de internamiento colectivo;

8. Nadie será privado de derechos por motivo de creencia religiosa o de convicción filosófica o política, salvo si las invocara para eximirse de obligación legal impuesta a todos y rehusase cumplir la prestación alternativa, fijada por ley;

9. es libre la expresión de la actividad intelectual, artística, científica y de comunicación, sin necesidad de censura o licencia;

10. Son inviolables la intimidad, la vida privada, el honor y la imagen de las personas, asegurándose el derecho a indemnización por el daño material o moral derivado de su violación;

11. La casa es asilo inviolable del individuo, no pudiendo penetrar nadie en ella sin el consentimiento del morador, salvo en caso de flagrante delito o desastre, o para prestar socorro, o, durante el día, por determinación judicial;

12. Es inviolable el secreto de la correspondencia, de las comunicaciones telegráficas, de las informaciones y de las comunicaciones telefónicas, salvo, en el último caso, por orden judicial, en las hipótesis y en la forma que la ley establezca para fines de investigación criminal o instrucción penal;

13. Es libre el ejercicio de cualquier trabajo, oficio o profesión, cumpliendo las calificaciones profesionales que la ley establezca;

14. Queda garantizados a todos el acceso a la información y salvaguardado el secreto de las fuentes cuando sea necesario para el ejercicio profesional;

15. Es libre el desplazamiento en el territorio nacional en tiempo de paz, pudiendo cualquier persona, en los términos de la ley, entrar en él, permanecer o salir de él con sus bienes.

16. Todos pueden reunirse pacíficamente, sin armas, en locales abiertos al público, sin necesidad de autorización, siempre que no frustren otra reunión anteriormente convocada en

el mismo local, exigiéndose solo a viso previo a la autoridad competente;

17. Es plena la libertad de asociación para fines lícitos, prohibiéndose la de carácter paramilitar;

18. La creación de asociaciones y, en la forma de la ley, la de cooperativas no dependen de autorización, quedando prohibida la interferencia estatal en su funcionamiento;

19. Las asociaciones solo podrán ser compulsivamente disueltas o ser suspendidas en sus actividades por decisión judicial, exigiéndose, en el primer caso, sentencia firme;

20. Nadie podrá ser obligado a asociarse o permanecer asociado;

21. Las entidades asociativas, cuando estén expresamente autorizadas, están legitimadas para representar a sus afiliados judicial o extrajudicialmente;

22. se garantiza el derecho a la propiedad; XXIII la propiedad privada atenderá su función social; XXIV la ley establecerá el procedimiento para la expropiación por causa de necesidad o utilidad pública, o por interé s social, mediante justa y previa indemnización en dinero, salvo los casos previstos en esta Constitución;

23. en caso de inminente peligro público, la autoridad competente podrá usar la propiedad particular asegurándose al propietario indemnización posterior, si hubiese daño;

24. la pequeña propiedad rural, así definida en la ley, siempre que sea trabajada por la familia, no será objeto de embargo por el pago de deudas derivadas de su actividad productiva, debiendo regular la ley los medios de financiar su desarrollo;

25. pertenece a los autores el derecho exclusivo de utilización, publicación o reproducción de sus obras, siendo transmisible a los herederos por el tiempo que la ley determine;

26. la ley asegurará a los autores de inventos industriales el privilegio temporal para su utilización, así como la protección de las creaciones industriales, de la propiedad de marcas, de los nombres de empresas y de otros sig nos distintivos, teniendo en cuenta el interés social y el desarrollo económico del País;

27. están asegurados, en los términos de la ley:

1. la protección de las participaciones individuales en obras colectivas y de la reproducción de la imagen y voz humanas, incluso en las actividades deportivas;

2. el derecho de los creadores, de los intérpretes y de las respectivas representaciones sindicales y asociativas de fiscalización del aprovechamiento económico de las obras que creasen o en las que participasen;

28. la ley asegurará a los autores de inventos industriales el privilegio temporal para su utilización, así como la protección de las creaciones industriales, de la propiedad de marcas, de los nombres de empresas y de otros sig nos distintivos, teniendo en cuenta el interés social y el desarrollo económico del País;

29. se garantiza el derecho a la herencia;

30. la sucesión de los bienes de extranjeros situados en el País será regulada por la ley brasileña en beneficio del cónyuge o de los hijos brasileños siempre que no les sea más favorable la ley personal del `decujus';

31. el Estado promoverá, en la forma de la ley, la defensa del consumidor;

32. todos tienen derecho a recibir de los órganos públicos informaciones de su interés particular, o de interés colectivo o general, que serán facilitados en el plazo señalado en la ley, bajo pena de responsabilid ad, salvo aquellas cuyo secre-

to sea imprescindible para la seguridad de la sociedad y del Estado;

33. quedan garantizados a todos, sin necesidad del pago de tasas:

1. el derecho de petición ante los Poderes Públicos en defensa de derechos o contra la ilegalidad o el abuso de poder ;

2. la obtención de certificaciones en oficinas públicas para la defensa de derechos y el esclarecimiento de situaciones de interés personal;

34. la ley no excluirá de la apreciación del Poder Judicial la lesión o la amenaza de derechos;

35. la ley no perjudicará los derechos adquiridos, los actos jurídicos perfectos ni la cosa juzgada;

36. no habrá juicios ni tribunales de excepción;

37. se reconoce la institución del jurado, con la organización que la ley le dé, asegurándose:

1. la plenitud de la defensa;

2. el secreto de las votaciones;

3. la superioridad de los veredictos ;

4. la competencia para el enjuiciamiento de los delitos dolosos contra la vida;

38. no hay delito sin ley anterior que lo defina, ni pena sin previa conminación legal;

39. la ley penal no será retroactiva salvo para beneficiar al reo;

40. la ley castigará cualquier discriminación atentatoria contra los derechos y libertades fundamentales;

41. la práctica del racismo constituye delito no susceptible de fianza e imprescriptible, sujeto a penas de reclusión en los términos de la ley;

42. la ley considerá delitos no afianzables y no susceptibles de indulto o amnistía la práctica de la tortura, el tráfico

ilícito de estupefacientes y drogas afines, el terrorismo y los definidos como delitos repugnantes , respondiendo de ellos los incitadores, los ejecutores y los que pudiendo evitarlos se abstuvieran;

43. constituyen delito no afianzable e imprescindible las acciones de grupos armados, civiles o militares, contra el orden institucional y el Estado Democrático;

44. ninguna pena trascenderá de la persona del condenado, pudiendo extenderse a los sucesores y ser ejecutadas contra ellos la obligación de reparar el daño y la decisión de privació de bienes, en los términos de l a ley, hasta el límite del valor del patrimonio transmitido ;

45. la ley regulará la individualización de la pena y adoptará, entre otras, las siguientes:

1. privación o restricción de libertad;
2. privación de bienes;
3. multa;
4. prestación social alternativa;
5. suspensión o privación de derechos;

46. no habrá penas

1. de muerte, salvo en caso de guerra declarada en los términos del **Artículo** 84, XIX;
2. de carácter perpetuo;
3. de trabajos forzados;
4. de destierro;
5. crueles;

47. la pena será cumplida en establecimientos distintos, de acuerdo con la naturaleza del delito, la edad y el sexo del penado;

48. esta asegurado a los presos el respeto a la integridad física y moral;

49. se garantizarán las condiciones para que las condenadas puedan permanecer con sus hijos durante el período de lactancia;

50. ningún brasileño será extraditado, salvo el naturalizado, en supuesto de delito común, practicado antes de la naturalización o de comprobada vinculación en tráfico ilícito de estupefacientes y dro gas afines, en la forma de la ley ;

51. No se concederá la extradición de extranjeros por delitos políticos o de opinión;

52. nadie será procesado ni condenado sino por autoridad competente;

53. nadie será privado de la libertad o de sus bienes sin el debido proceso legal;

54. Se garantiza a los litigantes, en el procedimiento judicial o administrativo, ya los acusados en general, un proceso contradictorio y amplia defensa con los medios y recursos inherentes a la misma.

55. Son inadmisibles en el proceso las pruebas obtenidas por medios ilícitos;

56. Nadie será considerado culpable hasta la firmeza de la sentencia penal condenatoria;

57. el identificado civilmente no será sometido a identificación criminal, salvo en las hipótesis previstas en ley;

58. se admitirá la acción privada en los delitos de acción pública cuando ésta no fuera ejercida en el plazo legal;

59. la ley solo podrá restringir la publicidad de los actos procesales cuando lo exigieran la defensa de la intimidad o el interés social;

60. nadie será detenido sino en flagrante delito o por orden escrita y fundamentada de la autoridad judicial competente, salvo el de los casos de transgresión militar o delito propiamente militar, definidos en la ley;

61. la detención de cualquier persona y el lugar donde se encuentre serán comunicados inmediatamente al juez competente y a la familia del detenido o a la persona indicada por él;

62. el detenido será informado de sus derechos, entre ellos el de permanecer callado, asegurándose la asistencia de la familia y de abogado ;

63. el detenido tiene derecho a la identificación de los responsables de su detención o de su interrogatorio policial;

64. la detención ilegal será inmediatamente levantada por la autoridad judicial;

65. nadie será llevado a prisión, ni mantenido en ella, cuando la ley admitiere la libertad provisional, con o sin fianza;

66. no habrá prisión civil por deudas, salvo para los responsables por el incuplimiento voluntario e inexcusable de la obligación de alimentos y para los depositarios infieles;

67. Se concederá «habeas corpus» siempre que alguien sufriera o se creyera amenazado de sufrir violencia o coacción en su libertad de locomoción, por ilegalidad o abuso de poder;

68. Se concederá mandamiento de seguridad para proteger un derecho determinado y cierto, no amparado por «habeas corpus» o «habeas data» cuando el responsable por la ilegalidad o abuso de poder fuese una autoridad o un agente de persona jurídica en el ejercicio de atribuciones del Poder Público;

69. El mandamiento de seguridad colectivo puede ser imperado por:

1. un partido político con representación en el Congreso Nacional;

2. una organización sindical, entidad de clase o asociación legalmente constituida y en funcionamiento desde hace un

año por lo menos, en defensa de los intereses de sus miembros o asociados;

70. Se concederá «mandato de injuncao» siempre que por falta de norma reguladora, se torne inviable el ejercicio de los derechos y libertades constitucionales y de las prerrogativas inherentes a la nacionalidad, a la soberanía y a la ciudadan ía;

71. Se concederá «habeas data»:

1. para asegurar el conocimiento de informaciones relativas a la persona del impetrante que consten en registros o bancos de datos de entidades gubernamentales o de carácter público;

2. para la rectificación de datos, cuando no se prefiera hacerlo por procedimiento secreto, judicial o administrativo;

72. cualquier ciudadano es parte legítima para proponer la acción popular que pretenda anular un acto lesivo para el patrimonio público o de una entidad en que el Estado participe, para la moralidad administrativa, para el medio ambiente o para el patrimonio histórico y cultural, quedando el actor, salvo mala fe comprobada, exento de las costas judiciales y de los gastos de sucumbencia ;

73. el Estado prestará asistencia jurídica íntegra y gratuita a los que demuestren insuficiencia de recursos ;

74. El Estado indemnizará al condenado por error judicial así como al que permaneciere en prisión más allá del tiempo fijado en la sentencia;

75. nadie será llevado a prisión, ni mantenido en ella, cuando la ley admitiere la libertad provisional, con o sin fianza;

76. son gratuitas las acciones de «habeas corpus» y «habeas data» y, en la forma de la ley, los actos necesarios al ejercicio de la ciudadanía.

1.º Las normas definidoras de los derechos garantías fundamentales son de aplicación inmediata.

2.º Los derechos y garantías expresadas en esta Constitución no excluyen otros derivados del régimen y de los principios por ella adoptados, o de los tratados internacionales en que la República Federativa de Brasil s ea parte.

Capítulo II. De los derechos sociales

Artículo 6. Son derechos sociales la educación, la salud, el trabajo, el descanso, la seguridad, la previsión social, la proyección de la maternidad.

Artículo 7. Son Derechos de los trabajadores urbanos y rurales, además de otros que tiendan a la mejora de su condición social:

1. el contrato de trabajo protegido contra el despido arbitrario o sin justa causa, en los términos de la ley complementaria que establecerá indemnización compensatoria, entre otros derechos;
2. el seguro de desempleo, en caso de desempleo involuntario ;
3. el fondo de garantía del tiempo de servicio;
4. el salario mínimo, fijado en ley y unificado para toda la nación, capaz de atender sus necesidades vitales básicas y las de su familia como vivienda, alimentación, educación, salud, descanso, vestido, higiene, transporte y seguridad social, con reajustes periódicos que preserven el poder adquisitivo, quedando prohibida su afectación a cualquier fin ;

5. el salario base proporcional a la extensión y a la complejidad del trabajo;

6. irreductibilidad de salario, salvo lo dispuesto en convenio o acuerdo colectivo;

7. la garantía de un salario, nunca en la remuneración íntegra o en el valor de la pensión de jubilación;

8. el décimo tercer salario en base en la remuneración íntegra o el valor de la pensión de jubilación;

9. la remuneración del trabajo nocturno superior a la del diurno;

10. la protección del salario en la forma de la ley, constituyendo delito su retención dolosa;

11. la participación en los beneficios, o resultados, desvinculada de la remuneración, y excepcionalmente, participación en la gestión de la empresa, conforme a lo señalado en la ley;

12. el salario familiar para sus dependientes;

13. La duración del trabajo normal no superior a ocho horas diarias y a cuarenta y cuatro semanales, facultándose la compensación de horarios y la reducción de jornada, mediante acuerdo o convenio colectivo de trabajo;

14. la jornada de seis horas para el trabajo realizado en turnos ininterrumpidos de alternancia, salvo negociación colectiva;

15. El descanso semanal remunerado, preferentemente en domingo;

16. La remuneración de horas extraordinarias superior, como mínimo, en un cincuenta por ciento a las normales;

17. el disfrute de vacaciones anuales remuneradas, por lo menos con un tercio más, que el salario normal;

18. la licencia de embarazo, sin perjuicio del empleo y, del salario, con una duración de ciento veinte días;

19. la licencia de paternidad, en los términos fijados en la ley;

20. la protección del mercado de trabajo de la mujer mediante incentivos específicos, en los términos de la ley;

21. el aviso previo proporcional al tiempo de servicio, siendo como mínimo de treinta días, en los términos de la ley;

22. la reducción de riesgos inherentes al trabajo, por medio de normas de salud, higiene y seguridad ;

23. la remuneración adicional para las actividades penosas, insalubres o peligrosas, en la forma de la ley;

24. la jubilación;

25. la asistencia gratuita a los hijos y personas dependientes desde el nacimiento hasta los seis años de edad en guardería y centros preescolares;

26. el reconocimiento de los convenios y acuerdos colectivos ;

27. la protección frente a la automatización, en la forma de la ley;

28. el seguro contra accidentes de trabajo, a cargo del empleador, sin excluir la indemnización a que este está obligado, cuando incurriese en dolo o culpa;

29. la acción, en cuanto a los créditos resultantes de las relaciones laborales, con plazo de prescripción de:

1. cinco años para el trabajador urbano, con el límite de dos años después de la extinción del contrato;

2. hasta dos años después de la extinción del contrato para el trabajador rural;

30. la prohibición de diferencias salariales, de ejercicio de funciones y de criterios de admisión por motivos de sexo, edad, color o estado civil;

31. la prohibición de cualquier discriminación, en lo referente al salario y a criterios de admisión, del trabajador portador de deficiencias;

32. la prohibición de distinción entre trabajo manual, técnico e intelectual, o entre los profesionales respectivos;

33. la prohibición del trabajo nocturno, peligroso o insalubre a los menores de dieciocho años y de cualquier trabajo a las menores de catorce, salvo en condición de aprendiz;

34. la igualdad de derechos entre el trabajador con vínculo laboral permanente y el trabajador eventual.

Párrafo único. Están aseguradas a la categoría de los trabajadores domésticos los derechos previstos en los incisos IV, VI, VIII, XV, XVII, XVIII, XIX, XXI y XXIV, así como su integración en la seguridad social.

Artículo 8. Es libre la asociación profesional o sindical, observándose lo siguiente:

1. la ley no podrá exigir autorización del Estado para la fundación de un sindicato, salvo el registro en el órgano competente, prohibiéndose al poder público la intervención en la organización sindical cal;

2. está prohibida la creación de más de una organización sindical, en cualquier grado, representativa de una categoría profesional o económica, en la misma base territorial, la cual será definida por los t rabajadores o empleados interesados, no pudiendo ser inferior al área de un Municipio;

3. compete al sindicato la defensa de los derechos e intereses colectivos o individuales de la categoría, incluso en cuestiones jurídicas o administrativas;

4. la Asamblea General fijará la contribución que, tratándose de categoría profesional, será descontada de la nomina, para el sostenimiento del sistema confederativo de la representación sindical respectiva, independientemente de la contribución prevista en la ley;

5. nadie estará obligado a afiliarse o a mantenerse afiliado a un sindicato ;

6. es obligatoria la participación de los sindicatos en las negociaciones colectivas de trabajo;

7. el jubilado afiliado tendrá derecho a votar y a ser votado en las organizaciones sindicales;

8. está prohibido el despido del empleado afiliado desde el registro de la candidatura a cargo de dirección o representación sindical y, si fuera elegido, aunque fuese de suplente; hasta un año después de la finalización del mandato, salvo que cometiese una falta grave en los términos de la ley.

Párrafo único. Las disposiciones de este **Artículo** se aplican a la organización de sindicatos rurales y de colonias de pescadores respetando las condiciones que la ley establezca.

Artículo 9. Se garantiza el derecho de huelga, correspondiendo a los trabajadores decidir sobre la oportunidad de su ejercicio y sobre los intereses que deban defenderse por medio de él.

1.° La ley definirá los servicios o actividades esenciales y regulará la satisfacción de las necesidades inaplazables de la comunidad.

2.° Los abusos cometidos someten a los responsables a las penas de la ley.

Artículo 10. Está asegurada la participación de los trabajadores y empleadores en las asambleas de los órganos públicos en que sus intereses profesionales o de seguridad social sean objeto de discusión y deliberación.

Artículo 11. En las empresas de más de doscientos empleados está asegurada la elección de un representante de éstos con la finalidad exclusiva de promover el entendimiento directo con los empleadores.

Capítulo III. De la nacionalidad

Artículo 12. Son brasileños:

1. de origen:
1. los nacidos en la República Federativa del Brasil, aunque de padres extranjeros, siempre que éstos no estén al servicio de su país;
2. los nacidos en el extranjero de padre brasileño o madre brasileña, siempre que cualquiera de ellos esté al servicio de la República Federativa del Brasil;
3. los nacidos en el extranjero de padre brasileño o madre brasileña, siempre que sean registrados en la oficina brasileña competente o vengan a residir a la República Federativa del Brasil antes de la mayoría de edad y , alcanzada ésta, opten en cualquier momento por la nacionalidad brasileña.
2. naturalizados:
1. los que, en la forma de la ley, adquieran la nacionalidad brasileña exigiéndose a los originarios de países de lengua

portuguesa residencia solo durante un año ininterrumpido e idoneidad moral;

2. los extranjeros de cualquier nacionalidad, residentes en la República Federativa del Brasil desde hace más de treinta años ininterrumpidos y sin condena penal, siempre que soliciten la nacionalidad brasileña;

1.° A los portugueses con residencia permanente en el País les serán atribuidos los derechos inherentes al brasileño de origen, si hubiese reciprocidad en favor de los brasileños, salvo en los casos pre vistos en esta Constitución.

2.° La ley no podrá establecer distinción entre brasileños de origen y naturalizados, salvo en los casos previstos en esta Constitución.

3.° Son privativos del brasileño de origen los cargos:

1. de Presidente y Vicepresidente de la República;
2. de Presidente de la Cámara de Diputados;
3. de Presidente del Senado Federal;
4. de Ministro del Supremo Tribunal Federal;
5. de la carrera diplomática;
6. de oficial de las Fuerzas Armadas.

4.° Será declarada la pérdida de la nacionalidad del brasileño que:

1. tuviese cancelada su naturalización por sentencia judicial, en virtud de actividad perjudicial al interés nacional;
2. adquiriese otra nacionalidad por naturalización voluntaria.

Artículo 13. La lengua portuguesa es el idioma oficial de la República Federativa del Brasil.

1.° Son símbolos de la República Federativa del Brasil, la bandera, el himno y el sello nacionales.

2.° Los Estados, el Distrito Federal y los Municipios podrán tener símbolos propios.

Capítulo IV. De los derechos políticos

Artículo 14. La soberanía popular será ejercida por sufragio universal y por voto directo y secreto con valor igual para todos, y, en los términos de la ley mediante:

1. plebiscito;
2. referéndum;
3. iniciativa popular.

1.° El aislamiento electoral y el voto son:

1. obligatorios para los mayores de dieciocho años;
2. facultativos para:
1. Los analfabetos;
2. los mayores de setenta años;
3. los mayores de dieciséis años y menores de dieciocho años.

2.° No pueden alistarse como electores los extranjeros y, durante el período del servicio militar, los reclutados.

3.º Son condiciones de elegibilidad, en la forma de la ley.

1. la nacionalidad Brasileña;
2. el pleno ejercicio de los derechos políticos;
3. el alistamiento electoral;
4. el domicilio electoral en la circunscripción;
5. la afiliación a un partido político;
6. la edad mínima de:
1. treinta y cinco años para Presidente y Vicepresidente de la República y Senador;
2. treinta años para Gobernador y Vicegobernador de Estado y del Distrito Federal;
3. veintiún años para Diputado Federal, Diputado Estatal o de distrito, Prefecto , Vice-prefecto y juez de paz;
4. dieciocho años para Vareador.

4.º Son inelegibles los no susceptible de alistamiento y los analfabetos.

5.º Son inelegibles para los mismos cargos, en el período siguiente, el Presidente de la República, los Gobernadores de Estado y del Distrito Federal, los Prefectos y quien los hubiera sucedido o substituido en los seis meses anteriores a la elección.

6.º Para concurrir a otros cargos, en el período siguiente, el Presidente de la República, los Gobernadores de Estado y del Distrito Federal, los Prefectos deben renunciar a los respectivos mandatos hasta seis meses antes de la elección.

7.º Son inelegibles en el Territorio de jurisdicción del titular, el cónyuge y los parientes consanguíneos o afines hasta el segundo grado o Territorio, del Distrito Federal, del Prefecto o de quien los haya sustituido dentro de los seis meses anteriores a la elección, salvo si ya era titular de mandato electivo y candidato a la reelección.

8.º El militar alistable es elegible, atendiendo las siguientes condiciones:

1. Si tuviere menos de diez años de servicio deberá separarse de la actividad.
2. Si tuviere más de diez años de servicio, será pasado a la reserva por la autoridad superior y, si resultare electo, pasará automáticamente, en el momento de la expedición del acta, a la inactividad.

9.º Una ley complementaria establecerá otros casos de inegilibilidad y los plazos de su cesación a fin de proteger la normalidad y legitimidad de las elecciones contra la influencia del poder económico o el abuso del ejercicio de una función, cargo o empleo en la administración directa o indirecta.

10.º El mandato electivo podrá ser impugnado ante la Justicia Electoral en el plazo de quince días contados desde la expedición del acta, instruida la acción con pruebas de abuso de poder económico, corrupción o fraude.

1.º La acción de impugnación de mandato se tramitará bajo secreto judicial respondiendo el actor, en la forma de la ley, si actuase temerariamente o de manifiesta mala fe.

Artículo 15. Está prohibida la privación de derechos políticos, cuya pérdida o supresión solo se producirá en los casos de:

1. cancelamiento de la naturalización por sentencia firme;
2. incapacidad civil absoluta;
3. condena penal firme, mientras dure sus efectos;
4. negativa a cumplir una obligación a todos impuesta o la prestación alternativa, en los términos del **Artículo** 5, VIII;
5. improbidad administrativa en los términos del **Artículo** 37,

4.º .

Artículo 16. La ley que altere el proceso electoral solo entrará en vigor un años después de su promulgación.

Capítulo V. De los partidos políticos

Artículo 17. Es libre la creación, fusión, incorporación y extinción de partidos políticos, resguardando la soberanía nacional, el régimen democrático, el pluripartidismo, los derechos fundamentales de la persona humana y observando los siguiente preceptos.

1. el carácter nacional;
2. la prohibición de recepción de recursos financieros de entidades o gobiernos extranjeros o de subordinación a éstos;
3. la rendición de cuentas a la Justicia Electoral;
4. el funcionamiento parlamentario de acuerdo con la ley.

1.º Se garantiza a los partidos políticos la autonomía para definir sus estructura interna, organización y funcionamiento, debiendo establecer sus estatutos normas de disciplina y fidelidad al partido.

2.º Los partidos políticos, una vez adquirida la personalidad jurídica en la forma de la ley civil, registrará sus estatutos ante el Tribunal Superior Electoral.

3.º Los partidos políticos tienen derecho a recursos del fondo de los partidos y acceso gratuito a la radio y a la televisión, en la forma de la ley.

4.º Está prohibida la utilización por los partidos políticos de organización paramilitar.

Título III. De la organización del Estado

Capítulo I. De la organización político-administrativa

Artículo 18. La Organización Político-Administrativa de la República Federativa de Brasil comprende la Unión, los Estados, le Distrito Federal y los Municipio, todos autónomos, en los términos de esta Constitución.

1.° Brasilia es la Capital Federal.

2.° Los Territorios Federales integran la Unión, y su creación, transformación en Estado o reintegración al Estado de origen serán reguladas en ley complementaria.

3.° Los Estados pueden integrarse entre sí, subdividirse o desmembrarse para anexionarse a otros o formar nuevos Estados o Territorios Federales, mediante la aprobación de la población directamente interesada, a través de plebiscito y del Congreso Nacional, por ley complementaria.

4.° La creación, la integración, la fusión y el desmembramiento de los Municipios preservará la continuidad y la unidad histórico-cultural del ambiente urbano, se harán por ley estatal, cumpliendo los requisitos previstos en ley complementaria estatal, y dependerán de la consulta previa a las poblaciones directamente interesadas mediante plebiscito.

Artículo 19. Está prohibido a la Unión, a los Estados, al Distrito Federal y a los Municipios:

1. Establecer cultos religiosos o iglesias, subvencionarlos, obstaculizar su funcionamiento o mantener con ellos o sus representantes relaciones de dependencia o alianza, salvo la colaboración de interés público, en la forma de la le y;

2. rehusar fe a los documentos públicos;

3. crear diferencias entre los brasileños o preferencias entre sí.

Capítulo II. De la unión

Artículo 20. Son bienes de la Unión:

1. Los que actualmente le pertenecen y los que pudieran serle atribuidos;

2. las tierras desocupadas indispensables para la defensa de las fronteras, de las fortificaciones y construcciones militares, de las vías definidas en la ley;

3. los lagos, los ríos y cualesquiera corrientes de agua en terrenos de su dominio, o que bañen más de un Estado, sirvan de límites con otros países, o se extiendan a territorio extranjero o provengan de él, así ; como los terrenos marginales y las playas fluviales;

4. las islas fluviales y lacustres en las zonas limítrofes con otros países; las playas marítimas, las islas oceánicas y las costeras, excluidas de éstas las áreas referidas en el **Artículo** 26 II.

5. los recursos naturales de la plataforma continental y de la zona económica exclusiva;

6. el mar territorial;

7. los terrenos de marina y sus aumentos;

8. el potencial de energía hidráulica;

9. los recursos minerales, incluso los del subsuelo;

10. las cuevas naturales subterráneas y los parajes arqueológicos y prehistóricos;

11. las tierras tradicionalmente ocupadas por los indios.

1.º Está asegurada, en los términos de la ley, a los Estados, al Distrito Federal y a los Municipios, así como a los órganos de la administración directa de la Unión, la participación en el resultado de la explotación de petróleo o gas natural, de recursos hidráulicos para fines de generación de energía eléctrica y de otros recursos minerales en el respectivo territorio, en la plataforma continental, en el mar territorial o en la zona económica exclusiva, o la compensación financiera por dicha explotación.

2.º La franja de hasta ciento cincuenta kilómetros de ancho a lo largo de las fronteras terrestres, designada como franja de frontera, es considerada fundamental para la defensa del territorio nacional y su ocupación y utilización será regulada en ley.

Artículo 21. Compete a la Unión:

1. mantener relaciones con los Estados extranjeros y participar en las organizaciones internacionales;
2. declara la guerra y acordar la paz;
3. asegurar la defensa nacional;
4. permitir, en los casos previstos en ley complementaria, que fuerzas extranjeras transiten por el territorio nacional o permanezcan en él temporalmente;

5. decretar el estado de sitio, el estado de defensa y la intervención federal;

6. autorizar y fiscalizar la producción y el comercio de material bélico;

7. emitir moneda;

8. administrar las reservas monetarias del País y fiscalizar las operaciones de naturaleza financiera especialmente las de crédito, cambio y capitalización, así como las de seguros y de previsión social privada;

9. elaborar y ejecutar planes nacionales y regionales de ordenación del territorio y de desarrollo económico y social;

10. mantener el servicio postal y el correo aéreo nacional;

11. explotar directamente o mediante concesión a empresas bajo control de capital estatal los servicios telefónicos, telegráficos, de transmisión de datos y demás servicios públicos de telecomunicaciones, aseguran do la prestación de servicios de informaciones por entidades de derecho privado a través de la red pública de telecomunicaciones explotada por la unión;

12. explotar directamente o mediante autorización, concesión o licencia:

1. los servicios de radiodifusión sonora, de sonidos e imágenes y demás servicios de telecomunicaciones;

2. los servicios e instalaciones de energía eléctrica y el aprovechamiento energético de los cursos de agua, en coordinación con los Estados donde se sitúen las centrales hidroenergéticas;

3. la navegación aérea, aeroespacial y la infraestructura aeroportuaria;

4. los servicios de transporte ferroviario y acuaviario entre los puertos brasileños y fronteras nacionales o que traspasen los límites de un Estado o Territorio;

5. los servicios de transporte rodoviario interestatal e internacional de pasajeros;

6. los puertos marítimos, fluviales y lacustres;

13. organizar y mantener el Poder Judicial, el Ministerio Público y la Defensa de Oficio del Distrito Federal y de los Territorios;

14. organizar y mantener la policía federal, la policía rodoviaria y la ferroviaria federales, así como la policía civil, la policía militar y el cuerpo Militar de bomberos del Distrito Federal y de los Territorios;

15. organizar y mantener los servicios oficiales de estadística, geografía, geología y cartografía de ámbito nacional;

16. conceder amnistías;

17. planificar y promover la defensa permanente contra las calamidades públicas, especialmente las sequías y las inundaciones;

18. establecer un sistema nacional de gestión de los recursos hidráulicos y definir criterios para el otorgamiento de derechos de uso de los mismos;

19. establecer directrices para el desarrollo urbano, incluyendo la vivienda, del saneamiento básico y de los transportes urbanos;

20. establecer principios y directrices para el sistema nacional de transportes;

21. ejecutar los servicios de policía marítima, aérea y de frontera;

22. explotar los servicios e instalaciones nucleares de cualquier naturaleza y ejercer el monopolio estatal sobre la investigación, la extracción, el enriquecimiento, el reprocesamiento, la industrialización y el comercio de minerales nucleares y sus derivados, cumpliendo los siguientes principios y condiciones;

1. toda actividad nuclear en el territorio nacional será utilizado únicamente para fines pacíficos y mediante la aprobación del Congreso Nacional;

2. se autoriza, bajo el régimen de concesión o licencia, la utilización de radiosótopos para la investigación y usos medicinales, agrícolas, industriales y actividades análogas;

3. la responsabilidad civil por daños nucleares no depende de la existencia de culpa;

23. organizar, mantener y ejecutar la inspección del trabajo;

24. establecer las áreas y las condiciones para el ejercicio de la actividad de búsqueda de minerales preciosos, en forma asociativa.

Artículo 22. Compete privativamente a la Unión legislar sobre:

1. derecho civil, comercial, penal, procesal, electoral, agrario, marítimo, aeronáutico, espacial y del trabajo;

2. expropiación;

3. requisas civiles y militares, en caso de inminente peligro y en tiempo de guerra;

4. aguas, energía, informática, telecomunicaciones y radiodifusión;

5. servicio postal;

6. sistema monetario y de medidas, títulos y garantías de los metales;

7. política de crédito, cambio, seguros y transferencia de valores;

8. comercio exterior e interestatal;

9. directrices de la política nacional de transporte;

10. régimen de los puertos, navegación lacustre, fluvial, marítima, aérea y aeroespacial;

11. tráfico y transporte;

12. yacimientos, minas, otros recursos minerales y metalurgia;

13. nacionalidad, ciudadanía y naturalización;

14. poblaciones indígenas;

15. emigración e inmigración, entrada, extradición y expulsión de extranjeros;

16. organización del sistema nacional de empleo y condiciones para el ejercicio de las profesiones;

17. organización judicial, del Ministerio Público, y de la Defensa de Oficio del Distrito Federal y de los Territorios, así como la organización administrativa de estos;

18. sistema estadístico, sistema cartográfico y de geología nacionales;

19. sistemas de ahorro, captación y garantía del ahorro popular;

20. sistemas de consorcios y sorteos;

21. normas generales de organización, efectivos, material bélico, garantías, convocatoria y movilización de los policías militares y cuerpos militares de bomberos;

22. competencia de la policía federal y de las policías rodoviaria y ferroviaria federales;

23. seguridad social;

24. directrices y bases de la educación nacional;

25. registros públicos;

26. actividades nucleares de cualquier naturaleza;

27. normas generales de licitación y contratación, en todas las modalidades, para la administración pública directa e indirecta, incluidas las fundaciones instituidas y mantenidas

por el Poder Público, en las diversas es feras de gobierno, y empresas bajo su control;

28. publicidad comercial;

Párrafo único. Una Ley complementaria podrá autorizar a los Estados a legislar sobre cuestiones específicas de las materias relacionadas en este **Artículo**

Artículo 23. Es competencia común de la Unión, de los Estados, de Distrito Federal y de los Municipios:

1. velar por la defensa de la Constitución, de las leyes y de las instituciones democráticas y conservar el patrimonio público;
2. cuidar de la salud y asistencia pública, de la protección y garantías de las personas portadoras de deficiencias;
3. proteger los documentos, las obras y otros bienes de valor histórico, artístico y cultural, los monumentos, los paisajes naturales notables y los parajes arqueológicos;
4. impedir la evasión, la destrucción y la descaracterización de las obras de arte y de otros bienes de valor histórico, artístico y cultural;
5. proporcionar los medios de acceso a la cultura, a la educación y a la ciencia;
6. proteger el medio ambiente y combatir la polución en cualquiera de sus formas;
7. preservar las florestas, la fauna y la flora;
8. fomentar la producción agropecuaria y organizar el abastecimiento alimenticio;
9. promover programas de construcción de viviendas y la mejora de las condiciones de habitabilidad y de saneamiento básico;

10. combatir las causas de la pobreza y los factores de marginación, promoviendo la integración social de los sectores desfavorecidos;

11. registrar, seguir y fiscalizar las concesiones de derechos de investigación y explotación de los recursos hidráulicos y mineros en sus territorios;

12. establecer e implementar una política de educación para la seguridad del tráfico;

Párrafo único. Una Ley complementaria fijará las normas para la cooperación entre la Unión, y los Estados, el Distrito Federal y los Municipios, con vistas al equilibrio del desarrollo y del bienestar en el ámbito nacional.

Artículo 24. Compete al a Unión, a los Estados y al Distrito Federal legislar concurrentemente sobre:

1. derecho tributario, financiero, penitenciario, económico y urbanístico;
2. presupuesto;
3. juntas comerciales;
4. costas de los servicios judiciales;
5. producción y consumo;
6. florestas, caza, pesca, fauna, conservación a la naturaleza, defensa del suelo y de los recursos naturales, protección del medio ambiente y control de la polución;
7. protección del patrimonio histórico, cultural, turístico y paisajístico;
8. responsabilidad por daños al medio ambiente, al consumidor, a los bienes y derechos de valor artístico, estético, histórico, turístico y paisajístico;
9. educación, cultura, enseñanza y deporte;

10. creación, funcionamiento y proceso de los juzgados de pequeñas causas;

11. procesamiento en materia procesal;

12. previsión social, protección y defensa de la salud;

13. asistencia jurídica y defensa de oficio;

14. protección e integración social de las personas portadoras de deficiencias;

15. protección de la infancia y la juventud;

16. organización, garantías, derechos y deberes de las policías civiles.

1.º En el ámbito de la legislación concurrente, la competencia de la unión se limitará a establecer normas generales.

2.º La competencia de la Unión para legislar sobre normas generales no excluye la competencia suplementaria de los Estados.

3.º No existiendo la ley federal sobre aspectos generales, los Estados ejercerán la competencia legislativa plena, para atender a sus peculiaridades.

4.º La sobreveniencia de una ley federal sobre aspectos generales suspende la eficacia de la ley estatal, en le fuese contraria.

Capítulo II. De los estados federales

Artículo 25. Los Estados se organizan y se rigen por las Constituciones y leyes que adopten, observando los principios de esta Constitución.

1.º Están reservados a los Estados las competencias que los estén prohibidas por esta Constitución.

2.º Pueden los Estado explotar, directamente, o mediante concesión, a una empresa estatal, con exclusividad de distribución, los servicios locales de gas canalizado.

3.º Los Estados podrán, mediante ley complementaria, instituir regiones metropolitanas, aglomeraciones urbanas y microregiones, constituidas por agrupaciones de municipios limítrofes, para integrar la organización y la ejecución de las funciones públicas de interés común.

Artículo 26. Se incluyen entre los bienes de los Estados:

1. las aguas superficiales o subterráneas, fluyentes emergentes y en depósito, salvo, en este caso, en la forma de la ley, las derivadas de obras de la Unión;
2. las áreas de las islas oceánicas y costeras que estuvieran en su dominio, excluidas aquellas bajo dominio de la Unión, de los Municipios o de terceros;
3. las islas fluviales y lacustres no pertenecientes a la Unión;
4. las tierras desocupadas no comprendidas entre las de la Unión;

Artículo 27. El número a la Asamblea Legislativa será el triple de la representación del Estado en la Cámara de los Diputados y, alcanzando el número de treinta y seis, será aumentado en tantos cuantos fueran los Diputados Federales por encima de doce.

1.° El mandato de los Diputados Estatales será de cuatro años, aplicándoseles las reglas de esta Constitución sobre sistema electoral, inviolabilidad, inmunidades, remuneración, pérdida del mandato, licencia, impedimentos e incorporación a las Fuerzas Armadas.

2.° La remuneración de los Diputados Estatales será fijada en cada legislatura para la siguiente por la Asamblea Legislativa, observando lo que disponen los **Artículo** 150, II, 153, III y 153, 2.° , I.

3.° Compete a las Asambleas Legislativas regular su régimen interno, de policía y los servicios administrativos de su secretaría, y proveer los respectivos cargos.

4.° La ley regulará la iniciativa popular en el proceso legislativo estatal.

Artículo 28. La elección del Gobernador y del Vicegobernador de Estado, para un mandato de cuatro años, se realizará noventa días antes de término del mandato de sus antecesores, y la toma de posesión tendrá lugar el día

1.° de enero del ano siguiente, observándose, además, lo dispuesto en el **Artículo** 77.

Párrafo único. Perderá el mandato el Gobernador que asumiese otro cargo o función en la administración pública directa o indirecta, salvo la toma de posesión en virtud de concurso público y observando lo dispuesto en el **Artículo** 38, I, IV y V.

Capítulo IV. De los municipios

Artículo 29. El Municipio se regirá por una ley orgánica, votada dos veces, con un intervalo mínimo de diez días, y aprobada por dos tercios de los miembros de la Cámara Municipal, que la promulgará, atendiendo los principios establecidos en esta Constitución, en la Constitución del respectivo Estado y los siguientes preceptos:

1. la elección del Prefecto, del Vice-prefecto y de los Vareadores, para un mandato de cuatro años, mediante votación directa y simultánea realizada en todo el Estado;
2. la elección del Prefecto y del Vice-prefecto hasta noventa días antes del término del mandato de aquellos a los que deban suceder, aplicándose las reglas del **Artículo** 77, en el caso de municipios con más de doscientos mil electores;
3. la toma de posesión del Prefecto y Vice-prefecto del Municipio; observándose los siguientes límites;
4. un número de Vareadores proporcional a la población del Municipio, observándose los siguientes límites:
   1. un mínimo de nueve y máximo de veintiuno en los Municipios de hasta un millón de habitantes;
   2. un mínimo de treinta y tres y máximo de cuarenta y uno en los Municipios de más de un millón y menos de cinco millones de habitantes;
   3. un mínimo de cuarenta y dos y máximo de cincuenta y cinco en los Municipios de más de cinco millones de habitantes;
5. la remuneración del Prefecto, del Vice-prefecto y de los Vareadores será fijada por la Cámara Municipal en cada le-

gislatura para la siguiente, observando lo que disponen los arts. 37, XI, 150, II, 153, III y 153,

2.º ,I;

6. la inviolabilidad de los Vareadores por sus opiniones, palabras y votos manifestadas en el ejercicio del mandato y en la circunscripción del Municipio;

7. las prohibiciones e incompatiblidades, en el ejercicio del cargo de Vareador, serán similares, en lo posible, a lo dispuesto en esta Constitución para los miembros del Congreso Nacional, y, en la Constitución del respectivo Estad o, para los miembros de la Asamblea Legislativa;

8. enjuiciamiento del Prefecto ante el Tribunal de Justicia;

9. organización de las funciones legislativas y fiscalizadoras de la Cámara Municipal;

10. Cooperación de las asociaciones representativas en la planificación Municipal;

11. incitativa popular de proyectos de ley de interés específico del Municipio, de la ciudad o de los barrios, a través de la manifestación de, por lo menos, cinco por ciento del electorado;

12. pérdida del mandato del Prefecto, en los términos del **Artículo** 28, párrafo único.

Artículo 30. Compete a los Municipios:

1. legislar sobre asuntos de interés local;

2. suplementar la legislación federal y estatal en lo que cupiese;

3. establecer y recaudar los tributos de su competencia, así como aplicar sus ingresos, sin perjuicio de la obligatoriedad

de rendir cuentas y publicar balances dentro de los plazos fijados en la ley;

4. crear, organizar y suprimir distritos, observando la legislación estatal;

5. organizar y prestar, directamente o bajo el régimen de concesión o licencia, los servicios públicos de interés local, incluido el de transporte colectivo, que tiene carácter esencial;

6. mantener, con la cooperación técnica y financiera de la Unión y del Estado, programas de educación preescolar y de enseñanza básica;

7. prestar, con la cooperación técnica y financiera de la Unión y del Estado, los servicios de atención a la salud de la población;

8. promover, dentro de lo posible, la adecuada ordenación territorial, mediante la planificación y control del uso, de la parcelación y de la ocupación del suelo urbano;

9. promover, la protección del patrimonio histórico- cultural local, observando la legislación y la acción finalizadora federal y estatal.

Artículo 31. La fiscalización del Municipio será ejercida por el Poder Legislativo Municipal, mediante control externo, y por los sistemas de control interno del Poder Ejecutivo Municipal, en la forma de la ley.

1.º El control externo de la Cámara Municipal será ejercido con el auxilio de los Tribunales de Cuentas de los Estados o del Municipio o de los Consejos o Tribunales de Cuentas de los Municipios, donde los hubiese.

2.º El informe previo, emitido por el órgano competente sobre las cuentas que el Prefecto debe rendir anualmente, solo dejará de prevalecer por decisión de dos tercios de los miembros de la Cámara Municipal.

3.º Las cuentas de los Municipios quedarán anualmente expuestas durante sesenta días, a disposición de cualquier contribuyente, para su examen y apreciación, el cual podrá cuestionar su legitimidad, en los términos de la ley.

4.º Está prohibida la creación de Tribunales, Consejos y órganos de Cuentas Municipales.

Capítulo V. Del distrito federal y de los territorios

Sección I. Del Distrito Federal

Artículo 32. El Distrito Federal, estando prohibida su división en Municipios, se regirá por ley orgánica, votada dos veces con un intervalo mínimo de diez días, y aprobada por los dos tercios de la Cámara Legislativa, que la promulgará, respetando los principios establecidos en esta Constitución.

1.º Están atribuidos al Distrito Federal las competencias legislativas reservadas a los Estados y Municipios.

2.º La elección del Gobernador y del Vicegobernador, observando las reglas del **Artículo** 77, y de los Diputados del Distrito, coincidirá con la de los Gobernadores y Diputados Estatales, y será para un mandato de igual duración.

3.º A los Diputados de Distrito, y a la Cámara Legislativa se les aplica lo dispuesto en el **Artículo** 27.

4.º Una ley federal regulará la utilización por el Gobierno del Distrito Federal, de las policías civil y militar y del cuerpo militar de bomberos.

Sección II. De los Territorios

Artículo 33. La ley regulará la organización administrativa y judicial de los Territorios.

1.º Los Territorios podrán ser divididos en Municipios, a los que se les aplicará, en lo posible, lo dispuesto en el Capítulo IV de este Título.

2.º Las cuentas del Gobierno del Territorio serán sometidas al Congreso Nacional, con el parecer previo del Tribunal de Cuentas de la Unión.

3.º En los Territorios Federales con más de cien mil habitantes, además del Gobernador, nombrado en la forma de esta Constitución, habrá órganos judiciales de primera y segunda instancia, miembros del Ministerio Público y defensores de oficio federales; la ley regulará las elecciones para la Cámara Territorial y su competencia deliberativa.

Capítulo IV. De la intervención

Artículo 34. La Unión no intervendrá en los Estados ni en el Distrito Federal excepto para:

1. mantener la integridad nacional;

2. repeler una invasión extranjera o de una unidad de la Federación en otra;

3. poner fin a una grave alteración del orden público;

4. garantizar el libre ejercicio de cualquiera de los Poderes en las unidades de la Federación;

5. reorganizar las finanzas de la unidad de la Federación que:

1. suspendiese el pago de la deuda justificada por más de dos años consecutivos, salvo si fuese por motivo de fuerza mayor;

2. dejase de entregar a los Municipios los ingresos tributarios fijados en esta Constitución, dentro de los plazos establecidos en la ley;

6. asegurar la observancia de los siguientes principios constitucionales;

1. la forma republicana, el sistema representativo y el régimen democrático;

2. los derechos de la persona humana;

3. la autonomía municipal;

4. la rendición de cuentas de la administración pública, directa e indirecta;

Artículo 35. El Estado no intervendrá en sus Municipios, ni la Unión en los Municipios localizados en Territorio Federal, excepto cuando:

1. se deje de pagar, sin causa de fuerza mayor, por dos años consecutivos, la deuda justificada;

2. no fuesen rendidas las cuentas debidas, en la forma de la ley;

3. no fuese aplicado el mínimo exigido de los ingresos municipales en el sostenimiento y desarrollo de la enseñanza;
4. El Tribunal de Justicia aceptase la petición para asegurar la observancia de principios contenidos en la Constitución Estatal o para promover la ejecución de una ley, de una orden o de una decisión judicial;

Artículo 36. El decreto de intervención dependerá:

1. en el caso del **Artículo** 39, IV, de la solicitud del Poder Legislativo e del Poder Ejecutivo coaccionado o impedido, o de requerimiento del Supremo Tribunal Federal si la coacción fuese ejercida contra le Poder Judicial;
2. en el caso de desobediencia a una orden o decisión judicial, de requerimiento del Supremo Tribunal Federal, del Supremo Tribunal de Justicia o del Tribunal Superior Electoral;
3. de la admisión por el Supremo Tribunal Federal de la petición del Procurador General de la república, en la hipótesis del **Artículo** 34, VII;
4. de la admisión por el Supremo Tribunal de Justicia de la petición del Procurador General de la República en el caso de oposición a la ejecución de una ley federal;

1.° El decreto de intervención, que especificará la amplitud, el plazo y las condiciones de ejecución y que, si cupiese, nombrará el interventor, será sometido al examen del Congreso Nacional o de la Asamblea Legislativa del Estado, en el plazo de veinte y cuatro horas.

2.° Si no estuviere funcionando el Congreso Nacional o la Asamblea Legislativa, se hará una convocatoria extraordinaria en el mismo plazo de veinte y cuatro horas.

3.º En los casos del **Artículo** 34, VI y VII, o del **Artículo** 35, IV, dispensado el examen por el Congreso o por la Asamblea Legislativa, el decreto se limitará a suspender la ejecución del acto impugnado, si esa medida bastase para el restablecimiento de la normalidad.

4.º Desaparecidos los motivos de la intervención, las autoridades apartadas de sus cargos volverán a ellos, salvo impedimento legal.

Capítulo VII. De la administración publica

Sección I. Disposiciones Generales

Artículo 37. La Administración pública, directa, indirecta o institucional de cualquiera de los Poderes de la Unión, de los Estados, del Distrito Federal y de los Municipio obedecerá a los principios de legalidad, impersonalidad, moralidad, y también a lo siguiente:

1. los cargos, empleos y funciones públicas son accesibles a los brasileños que reúnan los requisitos establecidos en la ley;
2. la investidura en cargo e empleo público depende de la superación previa en concurso público de pruebas o de pruebas y títulos, salvo las nominaciones para cargos en comisión declarados en la ley de libre nominación y separación;
3. el plazo de validez del concurso publico será de hasta dos años, prorrogable una vez por igual período;
4. durante el plazo improrrogable previsto en el anuncio de convocatoria, el aprobado en concurso publico de pruebas o de pruebas y títulos será convocado con prioridad sobre

los nuevos aprobados para asumir el cargo o empleo en la carrera;

5. los cargos en comisión y las funciones de confianza serán ejercidas, preferencialmente, por funcionarios ocupantes de cargos de carrera técnica o profesional, en los casos y condiciones previstos en la ley;

6. está garantizado al funcionario público civil el derecho a la libre asociación sindical ;

7. el derecho de huelga será ejercitado en los términos y con los límites establecidos en ley complementaria;

8. la ley reservará un porcentaje de los cargos y empleos públicos para las personas portadoras de deficiencias y definirá los criterios de su admisión;

9. la ley establecerá los supuestos de contratación por tiempo determinado para atender a necesidades temporales de excepcional interés público;

10. la revisión general de la remuneración de los funcionarios públicos, sin distinción de índices entre funcionarios públicos civiles y militares, se harán siempre en la misma fecha;

11. la ley fijará el límite máximo y la relación de valores entre la mayor y la menor remuneración de los funcionarios públicos, observando como límites máximos en el ámbito de los respectivos poderes, los valores percibidos como remuneración, en especie y por cualquier título, por los miembros del Congreso Nacional, Ministros de Estado y Ministro del Supremo Tribunal Federal y sus correspondiente en los Estados, en el Distrito Fe deral y en los Territorios y, en los Municipios, los valores percibidos como remuneración en especie, por el Prefecto;

12. los salarios de los cargos del Poder Legislativo y del Poder Judicial no podrán ser superiores a los pagados por el Poder Ejecutivo;

13. está prohibida la vinculación o equiparación de salarios a efectos de remuneración del personal de los servicios públicos, salvo lo dispuesto en el inciso anterior y en el **Artículo**39, 1.º ;

14. los incrementos pecuniarios percibidos por los funcionarios públicos no serán computados ni acumulados, a los fines de concesión de incrementos ulteriores, bajo el mismo título o idéntico fundamento;

15. los salarios de los funcionarios públicos, civiles y militares, son irreductibles y la remuneración observará lo que disponen los arts. 37, XI, XII, 150, II, 153, III y 153, 2.º , I;

16. está prohibida la acumulación remunerada de cargos públicos, excepto cuando hubiese compatibilidad de horarios:

1. la de los cargos de profesor;
2. la de un cargo de profesor con otro técnico o científico;
3. la de dos cargos privativos de médico.

17. la prohibición de acumular se extiende a empleos y funciones y abarca organismos autónomos, empresas públicas, sociedades de economía mixta y fundaciones mantenidos por el Poder Público;

18. la administración financiera y sus inspectores tendrá, dentro de sus áreas de competencia y jurisdicción, preferencia sobre los demás sectores administrativos en la forma de la ley;

19. solo ley específica podrán crearse empresas públicas, sociedades de economía mixta, organismo autónomos o funciones públicas;

20. depende de autorización legislativa, en cada caso, la creación de delegaciones de las entidades mencionadas en el inciso anterior, así como la participación de cualquiera de ellos en empresas privadas;

21. salvo los casos especificados en la legislación, las obras, servicios, compras y enajenaciones serán contratados mediante proceso de licitación pública que asegure igualdad de condiciones a todos los concurrentes, con claúsulas que establezcan obligaciones de pago, mantenimiento las condiciones efectivas de la propuesta, en los términos de la ley, lo cual solamente permitirá las exigencias de calificación técnica y económica indispensibles ensambles para la garantía del cumplimiento de las obligaciones.

1.º La publicidad de los actos, programas, obras, servicios y campañas de los órganos públicos deberá tener carácter educativo, informativo o de orientación social, no pudiendo constar en ello a nombres, símbolos o imágenes que supongan promoción personal de las autoridades o funcionarios públicos;

2.º La no observancia de lo dispuesto en los incisos II y III implicarán la nulidad del acto y la sanción de la autoridad responsable, en los términos de la ley.

3.º Las reclamaciones relativas a la prestación de servicios públicos serán reguladas en ley.

4.º Los actos de improbidad administrativa comportarán la suspensión de los derechos políticos, la pérdida de la función pública, la indisponibilidad de los bienes y el resarcimiento al erario, en la forma y graduación prevista en la ley, sin perjuicio de la acción penal procedente.

5.º La ley establecerá los plazos de prescripción para los ilícitos cometidos por cualquier agente, funcionario o no, que causen perjuicios al erario, salvando las respectivas acciones de resarcimiento.

6.º Las personas jurídicas de derecho público y las de derecho privado prestadoras de servicios públicos responderán por los daños que sus agentes, en esa calidad, causen a terceros, asegurando el derecho de repetir contra el responsable en los casos de dolo o culpa.

Artículo 38. Al funcionario público en ejercicio de cargo electivo le son de aplicación las siguientes disposiciones:

1. Tratándose de cargo electivo federal, estatal o de distrito, quedará en excedencia en su cargo, empleo o función;
2. investido en el cargo de Prefecto, quedará excedente del cargo, empleo o función, facultándosele el optar por su remuneración;
3. investido en el cargo de Vareador, si hay compatibilidad de horarios, percibirá las ganancias de su cargo, empleo o función, sin perjuicio de la remuneración del cargo electivo, y, no habiendo compatibilidad, será aplicable la norma del inciso anterior;
4. en cualquier caso en que se exija la excedencia para el ejercicio de cargo electivo, su tiempo de servicio será tenido en cuenta para todos los efectos legales, excepto para la promoción por méritos;

5. a efectos de beneficio de la previsión social, en el caso de excedencia, los valores serán determinados como su estuvieran en ejercicio.

Sección II. De los Funcionarios Públicos Civiles

Artículo 39. La Unión, los Estados, el Distrito Federal y los Municipios establecerán, en el ámbito de su competencia, un régimen jurídico único y los grados de la carrera para los funcionarios de la administración pública directa, de los organismos autónomos y de las fundaciones públicas.

1.° La ley asegurará a los funcionarios de la administración directa igualdad de salario para los cargos de atribuciones iguales o semejantes del mismo Poder o entre funcionarios de los Poderes Ejecutivo, Legislativo y Judicial, salvando las ventajas de carácter individual y las relativas a la naturaleza o al local de trabajo:

2.° Se aplicara a dichos funcionarios lo dispuesto en los Arts. 7. IV, VI, VII, VIII, IX, XII, XIII, XV, XVI, XVII, XVIII, XIX, XX, XXII, XXIII Y XXX.

Artículo 40. Los funcionarios serán jubilados:

1. por invalidez permanente, siendo las percepciones integras cuando se derivada de accidente de trabajo, enfermedad profesional o dolencia grave contagiosa o incurable, especificadas en la ley, y proporcionales en los demás casos;
2. obligatoriamente a los setenta años de edad, con percepciones proporcionales al tiempo de servicio;
3. voluntariamente:

1. a los treinta y cinco años de servicio, para los hombres y a los treinta para la mujer, con percepciones íntegras;

2. a los treinta años de servicio efectivo en funciones de enseñanza para los profesores y veinticinco para las profesoras, con percepciones íntegras;

3. a los treinta años de servicios para los hombres y a los veinticinco para las mujeres, con percepciones proporcionales al tiempo de servicio.

1.º Una ley complementaria podrá establecer excepciones a lo dispuesto en el inciso III a) y c) en el caso de ejercicio de actividades penosas, insalubres o peligrosas.

2.º La ley regulará la jubilación en cargos o empleos temporales.

3.º El tiempo de servicio público federal, estatal o municipal será computado íntegramente para los efectos de jubilación y de excedencia.

4.º Las percepciones de la jubilación serán revisadas, en la misma proporción y en la misma fecha, siempre que se modificase la remuneración de los funcionarios activo, extendiéndose también a los inactivos cualesquiera beneficios o ventajas concedidas posteriormente a los funcionarios en activo, incluso cuando se deriven de la transformación o reclasificación del cargo o función en que se produjo la jubilación, en la forma de la ley.

5.º El beneficio de la pensión por muerte abarcará la totalidad de las remuneraciones o percepciones del funcionario fallecido, hasta el límite establecido en la ley, observando lo dispuesto en el párrafo anterior.

Artículo 41. Son estables después de dos años de ejercicio efectivo, los funcionarios nombrados en virtud de concurso público.

1.º El funcionario público estable solo perderá el cargo en virtud de sentencia judicial firme o mediante expediente administrativo en el que les sea asegurada amplia defensa.

2.º Invalidado por sentencia judicial el case del funcionario estable, será reintegrado y el eventual ocupante de la plaza reconducido al cargo de origen, sin derecho a indemnización, será utilizado en otro cargo o puesto en disponibilidad.

3.º Extinguido el cargo o declarada su no necesidad, el funcionario estable quedará en disponibilidad remunerada, hasta un adecuado utilización en otro cargo.

Sección III. De los funcionarios Públicos Militares

Artículo 42. Son funcionarios militares federales los integrantes de las Fuerzas Armadas y los funcionarios militares de los Estados, de los Territorios y del Distrito Federal, los integrantes de sus policías militares y de sus cuerpos militares de bomberos.

1.º Los grados, con las prerrogativas, derechos y deberes a ellos inherentes, están asegurados a los oficiales en activo, en la reserva o a los jubilados de las Fuerzas Armadas, de las policías militares y de los cuerpos militares de bomberos de los

Estados, de los Territorios y del Distrito Federal, siéndoles privativos los títulos, los puestos y los uniformes militares.

2.° Los grados de los oficiales de las Fuerzas Armadas son conferidos por el Presidente de la República, y los de los oficiales de las policías militares y de los cuerpos militares de bomberos de los Estados de los Territorios y del Distrito Federal por los respectivos Gobernadores.

3.° El militar en activo que aceptase un cargo público civil permanente será transferido a la reserva.

4.° El militar en activo que aceptase un cargo, empleo o función pública temporal, no electivo, incluso de la administración indirecta, quedará agregado a la respectiva plantilla y solamente podrá, mientras permaneciere en esa situación, ser promovido por antigüedad, contándosele el tiempo de servicio solo para dicha promoción y transferencia a la reserva, siendo transferido para la inactividad después de dos años de separación, continuos o no.

5.° Están prohibidos a los militares la sindicación y la huelga.

6.° Los militares, mientras estén en servicio efectivo, no podrán estar afiliados a partidos políticos.

7.° Los oficiales de las Fuerzas Armadas solo perderán el puesto y el grado si fuesen juzgados indignos de la oficialidad o incompatibles con ella por decisión de un Tribunal Militar de carácter permanente, en tiempo de paz, o de tribunal especial en tiempo de guerra.

8.º Los oficiales condenados por la justicia ordinaria o por la militar a pena privativa de libertad superior a dos años, por sentencia firme, serán sometidos al juicio previsto en el párrafo anterior.

9.º La ley regulará los límites de edad, la estabilidad y otras condiciones de transferencia del funcionario militar para la inactividad.

10.º Se aplica a los funcionarios a que se refiere este **Artículo**, y a sus pensionistas, lo dispuesto en el **Artículo** 40, 4.º y 5.º .

11.º Se aplica a los funcionarios a que se refiere este **Artículo** lo dispuesto en **Artículo** 7.º VIII, XII, XVII, XVIII y XIX.

Sección III. De las Regiones

Artículo 43. A efectos administrativos la Unión podrá articular su acción en un mismo complejo geoeconómico y social, tendiendo a su desarrollo y a la reducción de las desigualdades regionales.

1.º Una ley complementaria regulará:

1. las condiciones para la integración de las regiones en desarrollo;
2. la composición de los organismos regionales que ejecutarán, en la forma de la ley, los planes regionales, integrantes de los planes nacionales de desarrollo económico y social, aprobados juntamente con éstos.

2.º Los incentivos regionales comprenderán, además de otros, en la forma de la ley:

1. la igualdad de tarifas, fletes, seguros y otros elementos de costes y precios de responsabilidad del Poder Publico;

2. los intereses privilegiados para la financiación de actividades prioritarias;

3. las exenciones, reducciones o aplazamientos temporales de los tributos federales debidos por personas físicas o jurídicas;

4. la prioridad para el aprovechamiento económico y social de los ríos y de las masas de agua represadas o represables en las regiones de baja renta sujetos a sequías periódicas.

3.º En las áreas a que se refiere el 2.º , IV, la Unión incentivará la recuperación de las tierras áridas y cooperará con los pequeños y medianos propietarios rurales para el establecimiento en sus tierras de fuentes de agua y de pequeños regadíos.

Título IV. De la organización de los poderes

Capítulo I. Del Poder Legislativo

Sección I Del Congreso Nacional

Artículo 44. El Poder Legislativo es ejercido por el Congreso Nacional, que se compone de la Cámara de Diputados y del Senado Federal.

Artículo 45. La Cámara de los Diputados se compone de representantes del pueblo, elegidos, por el sistema proporcional, en cada Estado, en cada Territorio y en el Distrito Federal.

1.° El número total de Diputados, así como la representación por cada Estado y por el Distrito Federal serán establecidos por ley complementaria proporcionalmente a la población, procediéndose a los ajustes necesarios en el año anterior a las elecciones, para que ninguna de aquellas unidades de la Federación tenga menos de ocho ni más de setenta Diputados.

2.° Cada Territorio elegirá cuatro Diputados.

Artículo 46. El Senado Federal se compone de representantes de los Estados y del Distrito Federal, elegidos según el sistema mayoritario.

1.° Cada Estado y el Distrito Federal elegirán tres Senadores, con un mandato de ocho años.

2.º La representación de cada Estado y del Distrito Federal será renovada cada cuatro años, en uno y dos tercios alternativamente.

3.º Cada Senador será elegido con dos suplentes.

Artículo 47. Salvo disposición constitucional en contrario, las decisiones de cada Cámara y de sus comisiones se adoptarán por mayoría de votos estando presente la mayoría absoluta de sus miembros.

Sección II. De las Atribuciones del Congreso Nacional

Artículo 48. Cabe al Congreso Nacional, con la sanción del Presidente de la República, no exigiéndose para lo especificado en los arts. 49, 51 y 52, disponer sobre las materias de competencia de la Unión, especialmente sobre:

1. sistema tributario, recaudación y distribución de rentas;
2. planes plurianuales, directrices presupuestarias, Presupuesto anual, operaciones de crédito, deuda pública y emisiones de circulación obligatoria;
3. fijación y modificación de los efectivos de las FF.AA.;
4. planes y programas nacionales, regionales y sectoriales de desarrollo;
5. límites del territorio nacional, espacio aéreo y marítimo y bienes de la Unión;
6. incorporación, subdivisión o desmembramiento de áreas de los Territorios o Estados, oídas las respectivas Asambleas Legislativas;
7. transferencia temporal de la sede del Gobierno Federal;
8. concesión de amnistías;

9. organización administrativa, judicial, del Ministerio Público y de la Defensa de Oficio de la Unión, y de los Territorios y organización judicial del Ministerio Público y de la Defensa de Oficio del Distrito Federal;

10. creación, transformación y extinción de cargos, empleos y funciones públicas;

11. creación, estructuración y atribuciones de los Ministerios y órganos de la Administración Pública;

12. telecomunicaciones y radiodifusión;

13. materia financiera, cambiaria y monetaria, instituciones financieras y sus operaciones;

14. monedas, sus límites de emisión, y montante de la deuda mobiliaria federal.

Artículo 49. Es de competencia exclusiva del Congreso Nacional:

1. resolver definitivamente sobre tratados, acuerdos o actos internacionales que acarreen encargos o compromisos gravosos para el patrimonio nacional;

2. autorizar al Presidente de la República a declarar la guerra, hacer la paz, a permitir que transiten por el territorio nacional fuerzas extranjeras o permanezcan en él temporalmente, salvo los casos previstos en ley complementaria;

3. autorizar al Presidente y al Vicepresidente de la República a ausentarse del País, cuando la ausencia excediese de quince días;

4. aprobar el estado de defensa y la intervención federal, autorizar el estado de sitio, o suspender cualquiera de dichas medidas;

5. suspender los actos normativos del Poder Ejecutivo que excedan del poder reglamentario o de los límites de la delegación legislativa;

6. cambiar temporalmente su sede;

7. fijar en cada legislatura par a la siguiente idéntica remuneración para los Diputados Federales y los Senadores, observando lo que disponen los arts. 150, II; 153, III y 153, 2.º ,I;

8. fijar para cada ejercicio financiero la remuneración del Presidente y del Vicepresidente de la República y de los Ministros de Estado, observado lo que disponen los arts. 150, II; 153, III y 153, 2.º ;

9. juzgar anualmente las cuentas rendidas por el Presidente de la República y apreciar los informes sobre la ejecución de los planes de gobierno;

10. fiscalizar y controlar, directamente, o por cualquiera de sus Cámaras los actos del Poder Ejecutivo, incluidos los de la administración indirecta;

11. velar por la preservación de su competencia legislativa frente a la atribución normativa de los otros Poderes;

12. apreciar los actos de concesión o renovación de concesiones de emisoras de radio y televisión;

13. elegir dos tercios de los miembros del Tribunal de Cuentas de la Unión;

14. aprobar las iniciativas del Poder Ejecutivo referentes a actividades nucleares;

15. autorizar referéndums y convocar plebiscitos;

16. autorizar, en tierras indígenas, la explotación y aprovechamiento de recursos hidráulicos y la búsqueda y extracción de riquezas minerales;

17. aprobar previamente la enajenación o concesión de tierras públicas con superficie superior a dos mil quinientas hectáreas.

Artículo 50. La Cámara de Diputados o el Senado Federal, así como cualquiera de sus comisiones podrán convocar a los Ministros de Estado para que presten, puntualmente, informaciones sobre un asunto previamente determinado , constituyendo delito de responsabilidad la ausencia sin justificación adecuada.

1.° Los Ministros de Estado podrán comparecer ante el Senado Federal, la Cámara de Diputados, o ante cualquiera de sus Comisiones, por iniciativa propia y mediante acuerdo con la Mesa respectiva, para exponer asuntos de relevancia de su Ministerio

2.° Las Mesas de la Cámara de los Diputados y del Senado Federal podrán dirigir peticiones escritas de información a los Ministros de Estado , constituyendo delito de responsabilidad, la negativa o su no contestación en el plazo de treinta días, así como la prestación de informaciones falsas.

Sección III. De la Cámara de Diputados

Artículo 51. Compete privativamente a la Cámara de los Diputados:

1. autorizar por dos tercios de sus miembros, el procesamiento del Presidente y del Vicepresidente de la República y de los ministros de EStado;
2. proceder a la petición de cuentas del Presidente de la República, cuando no fueran presentadas al Congreso Na-

cional dentro de sesenta días después de la apertura de la sesión legislativa;

3. elaborar su reglamento interno;

4. regular su organización, funcionamiento, policía, creación, transformación o extinción de los cargos empleos y funciones de sus servicios y fijación de la respectiva remuneración, observando los parámetros establecidos en la ley de la ley de directrices presupuestarias;

5. elegir los miembros del Consejo de la República en los términos del **Artículo** 89. VII.

Sección IV. Del Senado Nacional

Artículo 52. Compete privativamente al Senado Federal:

1. procesar y juzgar al Presidente y al Vicepresidente de la República en los delitos de responsabilidad y a los Ministros de Estado en los delitos de la misma naturaleza conexos con aquellos;

2. procesar y juzgar a los Ministros del Supremo Tribunal Federal, al Procurador General de la República y al Abogado General de la Unión en los delitos de responsabilidad;

3. aprobar previamente, por voto secreto, después de debate público, la selección de:

1. magistrados, en los casos establecidos en esta Constitución;

2. Ministros del Tribunal de Cuentas de la Unión indicados por el Presidente de la República;

3. Gobernador de Territorio

4. Presidente y Directores del Banco Central;

5. Procurador General de la República;

6. Titulares de otros cargos que la ley determine;

4. aprobar previamente, por voto secreto, después de debate en sesión secreta, la selección de los jefes de misión diplomática de carácter permanente;

5. autorizar operaciones exteriores de naturaleza financiera, del interés de la Unión, de los Estados, del Distrito Federal, de los Territorios y de los Municipios;

6. fijar a propuesta del Presidente de la República, límites globales para el montante de la deuda consolidada de la Unión, de los Estados, del Distrito Federal y de los Municipios;

7. disponer de los límites globales y condiciones para las operaciones de crédito externo e interno de la Unión de los Estados, del Distrito Federal y de los Municipios, de sus organismos autónomos y demás entidades con troladas por el Poder Público federal;

8. disponer sobre los límites y condiciones para la concesión de garantía de la Unión en operaciones de crédito externo e interno;

9. establecer límites globales y condiciones para el montante de la deuda mobiliaria de los Estados, del Distrito Federal y de los Municipios;

10. suspender, en todo en parte, la ejecución de las leyes declaradas inconstitucionales por decisión definitiva del Supremo Tribunal Federal;

11. aprobar, en mayoría absoluta y mediante voto secreto, la exoneración de oficio del Procurador General de la República, antes del término de su mandato;

12. elaborar su reglamento interno;

13. regular su organización, funcionamiento, policía, creación, transformación o extinción de cargos, empleos y funciones de sus servicios y fijación de la respectiva remune-

ración, observando los pará metros establecidos en la ley de directrices presupuestarias;
14. elegir los miembros del Concejo de la República en los términos del **Artículo** 89, VII.

Párrafo único: En los casos previstos en los incisos I y II, funcionará como Presidente el del Supremo Tribunal Federal, limitándose la condena, que solo será acordada por dos tercios de los votos del Senado Federal, a la pérdida del cargo, con inhabilitación durante ocho años para el ejercicio de la función pública, sin perjuicio de las demás sanciones.

Sección V. De los Diputados y de los Senadores

Artículo 53. Los diputados y Senadores son inviolables por sus opiniones, palabras y votos.

1.° Desde la expedición del acta, los miembros del Congreso Nacional podrán ser detenidos, salvo en caso de delito flagrante no afianzable, ni procesados penalmente, sin previa licencia de su Cámara.

2.° La denegación de la petición de licencia o la ausencia de deliberación suspende la prescripción mientras dure el mandato.

3.° En el caso de delito flagrante no afianzable, los autos serán remitidos, en el plazo de veinticuatro horas, a la Cámara respectiva, para que, por el voto secreto de la mayoría de sus miembros, resuelva sobre la detención y autorice o no la instrucción de la causa.

4.° Los Diputados y Senadores serán sometidos a juicio ante el Supremo Tribunal Federal .

5.° Los diputados y Senadores no serán obligados a declarar sobre las informaciones recibidas o prestadas en razón del ejercicio del mandato, ni sobre las personas que las facilitasen o que de ellas recibieran informaciones.

6.° La incorporación a las fuerzas Armadas de Diputados y Senadores, aunque fuesen militares, aún en tiempo de guerra, dependerá de la licencia previa de la Cámara respectiva.

7.° Las inmunidades de los Diputados y Senadores subsistirán únicamente mediante el voto de dos tercios de los miembros de la Cámara respectiva, en los casos de actos practicados fuera del recinto del Congreso que sean incompatibles con la ejecución de la medida.

Artículo 54. Los Diputados y Senadores no podrán:

1. desde la expedición del acta:

1. firmar o mantener contactos con personas jurídicas de derecho público, organismos autónomos, empresas públicas, sociedades de economía mixta o empresas concesionarias de servicio público, salvo cuando el contra to obedeciese a cláusulas uniformes;

2. aceptar o ejercer cargo, función o empleo remunerado, incluso los que sean dimisibles «ad nutum», en las entidades señaladas en el párrafo anterior;

2. desde la toma de posesión:

1. ser propietarios, administradores o directores de empresas que gocen de favor derivado de un contrato con personas

jurídicas de derecho público, o ejercer en ellas función remunerada;

2. ocupar cargo o función de los que sean dimisibles «ad nutum» en las entidades señaladas en el inciso I, a);

3. patrocinar causas en los que esté interesada cualquiera de las entidades a que se refiere el inciso I, a);

4. ser titulares de más de un cargo o mandato electivo.

Artículo 55. Perderá el mandato el Diputado o Senador:

1. que infringiera cualquiera de las prohibiciones establecidas en el articulo anterior;

2. que dejase de comparecer, en cada sesión legislativa, a la tercera parte de las sesiones ordinarias de la Cámara a la que perteneciese, salvo licencia o misión autorizada por ésta;

3. que perdiese o tuviese suspendidos los derechos políticos;

4. cuando lo decretaré la Justicia Electoral, en los casos previstos en esta Constitución;

5. Que sufriese condena penal por sentencia firme;

1.° Es incompatible con el decoro parlamentario, además de los supuestos definidos en el reglamento interno, el abuso de las prerrogativas garantizadas a los miembros del Congreso Nacional, o la percepción de beneficios indebidos.

2.° En los casos de los incisos I, II y VI la pérdida del mandato será decidida por la Cámara de los Diputados o por el Senado Federal, mediante voto secreto y por mayoría absoluta, a instancia de la respectiva Mesa o de algún partido político representado en el Congreso Nacional, asegurándose amplia defensa.

3.° En los casos previstos en los incisos III a V la pérdida será declarada por la Mesa de la Cámara respectiva, de oficio o a instancia de cualquiera de sus miembros, y de un partido político representado en el Congreso Nacional, asegurándose amplia defensa.

Artículo 56. No perderá el mandato el Diputado o Senador:

1. investido en el cargo de Ministro de Estado, Gobernador de Territorio, Secretario de Estado, del Distrito Federal, de Territorio, de Prefectura de Capital o jefe de misión diplomática temporal;
2. autorizado por la respectiva Cámara por motivo de enfermedad o para tratar, sin remuneración, asuntos particulares siempre que, en este caso, la ausencia no sobre pase ciento veinte días por sesión legislativa.

1.° El suplente será convocado en los casos de vacante, de investidura en funciones previstas en este **Artículo** o de licencia superior a ciento veinte días.

2.° Produciéndose una vacante y no habiendo suplente se hará elección para cubrirla si faltasen más de quince meses para la finalización del mandato.

3.° En la hipótesis del inciso I, el Diputado o Senador podrá optar por la remuneración del mandato.

Sección VI. De las Reuniones

Artículo 57. El Congreso Nacional se reunirá anualmente en la Capital Federal, del 15 de febrero al 30 de junio y del 1 de agosto al 15 de diciembre.

1.º Las reuniones señaladas para esas fechas serán trasladadas para el primer día hábil siguiente, cuando coincidieran en sábados, domingos o festivos.

2.º La sesión legislativa no será interrumpida sin la aprobación del proyecto de ley de directrices presupuestarias.

3.º Además de otros casos previstos en esta Constitución, la Cámara de los Diputados y el Senado Federal se reunirán en sesión conjunta para:

1. inaugurar la sesión legislativa;
2. elaborar el reglamento común y regular la creación de servicios comunes a las dos Cámaras;
3. recibir el juramento del Presidente y Vicepresidente de la República;
4. conocer el veto y deliberar sobre él;

4.º Cada una de las Cámaras se reunirá en sesiones preparatorias, a partir del 1 de febrero, en el primer año de la legislatura, para la toma de posesión de sus miembros y la elección de las Mesas respectivas, por mandato de dos años, prohibiéndose la renovación en el mismo puesto en la elección inmediatamente posterior.

5.º La Mesa del Congreso Nacional será presidida por el Presidente del Senado Federal, y los demás cargos ejercidos, alternativamente, por los ocupantes de cargos equivalentes en la Cámara de Diputados y en el Senado Federal;

6.° La convocatoria extraordinaria del Congreso Nacional se hará:

1. Por el Presidente del Senado Federal, en el caso de decreto de estado de defensa o de intervención federal, de solicitud de autorización para decreto de estado de sitio y para juramento y la toma de posesión del Presidente y del Vicepresidente de la República;

2. por el Presidente de la República, por los Presidentes de la Cámara de Diputados y del Senado Federal, o a requerimiento de la mayoría de los miembros de ambas Cámaras, en caso de urgencia o interés público re velante.

7.° En las sesiones legislativas extraordinarias, el Congreso Nacional solamente deliberará sobre la materia para la cual fuese convocado.

Sección VII. De las Comisiones

Artículo 58. El Congreso Nacional y sus Cámaras tendrán comisiones permanentes y temporales, constituidas en la forma y con las atribuciones previstas en el respectivo reglamento o en el acto del cual resultase su creación.

1.° En la Constitución de las Mesas y de cada Comisión está asegurada, en cuanto fuese posible, la representación proporcional de los partidos o de

los grupos parlamentario que participan en las respectivas Cámaras.

2.º Cabe a las Comisiones, en razón de la materia de su competencia:

1. discutir y votar los proyectos de ley dispensados, en las formas del reglamento, de la competencia del Pleno, salvo que hubiese recurso de un décimo de los miembros de la Cámara;
2. realizar audiencias públicas con entidades de la sociedad civil;
3. convocar a los Ministros de Estado para prestar información sobre asuntos inherentes a sus atribuciones;
4. recibir peticiones, reclamaciones, o quejas de cualquiera persona contra actos o omisiones de las autoridades o entidades públicas;
5. solicitar declaración de cualquier autoridad o ciudadano;
6. apreciar programas de obras, planes nacionales, regionales y sectoriales de desarrollo y emitir parecer sobre ellos.

3.º Las comisiones parlamentarias de investigación, que tendrán poderes de investigación propias de las autoridades judiciales, además de otros previstos en los reglamentos de las respectivas Cámaras, serán creadas por la Cámara de los Diputados y por el Senado Federal, conjunta o separadamente, mediante requerimiento de un tercio de sus miembros, para la averiguación de un hecho determinado y por un plazo cierto, siendo sus conclusiones, si fuera el caso, dirigidas al Ministerio Público, para que promueva la responsabilidad civil o penal de los infractores .

4.º Durante las vacaciones, habrá una Comisión representativa del Congreso Nacional, elegida por sus Cámaras en la última sesión ordinaria del período legislativo, con las atribuciones definidas en el reglamento común cuya composición reproducirá, en cuanto sea posible, la proporción en que estén representados los partidos .

Sección VIII. Del Proceso Legislativo
Subsección I Disposición General

Artículo 59. El proceso legislativo comprende la elaboración de:

1. enmiendas a la Constitución;
2. leyes complementarias;
3. leyes ordinarias;
4. leyes delegadas;
5. medidas provisionales ;
6. decretos legislativos;
7. resoluciones.

Párrafo único. Una ley complementaria regulará la elaboración, redacción y recopilación de las leyes.

Subsección II
De la Enmienda de la Constitución

Artículo 60. La Constitución podrá ser enmendada mediante propuesta:

1. de un tercio, al menos, de los miembros de la Cámara de los Diputados o del Senado Federal;

2. del Presidente de la República;
3. de más de la mitad de las Asambleas Legislativas de las unidades de la Federación, manifestándose cada una de ellas por mayoría relativa de sus miembros.

1.º La Constitución no podrá ser enmendada bajo la vigencia de intervención federal, del estado de defensa o del estado de sitio.

2.º La propuesta será discutida y votada en cada Cámara del Congreso Nacional dos veces, considerándose aprobada si obtuviera en ambas tres quintos de los votos de los respectivos miembros.

3.º La enmienda a la Constitución será promulgada por las Mesas de la Cámara de los Diputados y del Senado Federal con el respectivo número de orden.

4.º No será objeto de deliberación la propuesta de enmienda tendiente a abolir:

1. forma federal del Estado;
2. el voto directo, secreto, universal y periódico;
3. la separación de los poderes;
4. los derechos y garantías individuales;

5.º La materia objeto de propuesta de enmienda rechazada o considerada inoperante, no podrá ser objeto de nueva propuesta en la misma sesión legislativa.

Subsección III De las Leyes

Artículo 61. La iniciativa para las leyes complementarias y ordinarias corresponder a cualquier miembro o Comisión de la Cámara de los Diputados, del Senado Federal o del Congreso Nacional, al Presidente de la República , al Supremo Tribunal Federal, a los Tribunales Superiores, al Procurador General de la República , y a los ciudadanos, en la forma y en los casos previstos en esta Constitución.

1.° Son de iniciativa privada del Presidente de la República las leyes que:

1. fijen o modifiquen los efectivos de las Fuerzas Armadas;
2. establezcan disposiciones sobre:
1. la creación de cargos, funciones o empleos públicos en la administración directa e institucional o el aumento de su remuneración;
2. la organización administrativa y judicial, la materia tributaria y presupuestaria, los servicios públicos y el personal de la Administración de los Territorios;
3. los funcionarios públicos de la Unión y de los Territorios, su régimen jurídico, la provisión de cargos, estabilidad y jubilación de los civiles, y la jubilación y transferencia de los militares para la inactividad;
4. la organización del Ministerio Público y de la Defensa de Oficio de la Unión, así como sobre normas generales para la organización del Ministerio Público y de la Defensa de Oficio de los Estados, del Distrito Federal y de los Territorios;
5. la creación, estructuración y atribuciones de los Ministerios y órganos de la Administración Pública.

2.º La iniciativa popular puede ser ejercida mediante la presentación a la Cámara de los Diputados de un proyecto de ley, subscrito, al menos, por el uno por ciento del electorado nacional, distribuido al menos en cinco Estados con no menos de tres décimas por ciento de los electores de cada uno de ellos .

Artículo 62. En caso de relevancia y urgencia, el Presidente de la República podrá adoptar medidas provisionales, con fuerza de ley, debiendo someterlas de inmediato al congreso Nacional, el cual estando en vacaciones será convocado extraordinariamente para reunirse en el plazo de cinco días.

Párrafo único. Las medidas provisionales perderán eficacia desde la adopción si no fueran convertidas en ley en el plazo de treinta días, a partir de su publicación, debiendo el Congreso Nacional regular las relaciones derivadas de ellas.

Artículo 63. No será admitido ningún aumento del gasto previsto:

1. en los proyectos de iniciativa exclusiva del Presidente de la República, salvo lo dispuesto en **Artículo** 166, 3.º y 4.º ;

2. en los proyectos sobre organización de los servicios administrativos de la Cámara de los Diputados, del Senado Federal, de los Tribunales Federales y del Ministerio Público.

Artículo 64. La discusión y votación de los proyectos de ley de iniciativa del Presidente de la República, del Supremo Tribunal Federal y de los Tribunales Superiores se iniciarán en la Cámara de los Diputados.

1.º El Presidente de la República podrá solicitar tramitación de urgencia para los proyectos de su iniciativa.

2.º Si, en el caso del párrafo anterior, la Cámara de los Diputados y el Senado Federal no se manifestarán cada cual, sucesivamente, sobre la propuesta en un plazo de cuarenta y cinco días será ésta incluida en el siguiente orden del día, aplazándose la deliberación de los demás asuntos, para que se ultime la votación.

3.º La apreciación de las enmiendas del Senado Federal por la Cámara de los Diputados se hará en el plazo de diez días, observándose en los demás lo dispuesto en el párrafo anterior.

4.º Los plazos del 2.º no corren en los períodos de vacaciones del Congreso Nacional, ni se aplican a los proyectos de código.

Artículo 65. El proyecto de ley aprobado por una Cámara será revisado por la otra en un solo turno de discusión y votación y enviado a sanción o promulgación si la Cámara revisora lo aprobara o archivado si lo rechazará.

Párrafo único. Siendo enmendado el proyecto volverá a la Cámara inicial.

Artículo 66. La Cámara en la cual haya sido concluida la votación enviará el proyecto de ley al Presidente de la República, el cual, si estuviese de acuerdo, lo publicará.

1.º Si el Presidente de la República considerase el proyecto en todo o en parte inconstitucional o contrario al interés público lo vetará total o parcialmente, en el plazo de quince días útiles contados desde la fecha del recibimiento y comunicará, dentro del plazo de cuarenta y ocho horas, al Presidente del Senado Federal los motivos del veto.

2.º El veto parcial afectará solamente al texto íntegro de algunos **Artículo**, párrafos, incisos o párrafos.

3.º Transcurrido el plazo de quince días, el silencio del Presidente comportará la sanción.

4.º El veto será apreciado en sesión conjunta, dentro de treinta días a contar desde su recibimiento, pudiendo ser rechazado solamente por el voto de la mayoría absoluta de los Diputados y Senadores en votación secreta.

5.º Si el veto no fuera mantenido será enviado el proyecto al Presidente de la República para la promulgación.

6.º Agotado sin deliberación el plazo establecido en el 4.º el veto será incluido en el orden del día de la sesión siguiente, aplazándose las demás proposiciones, hasta su votación final, salvo las materias de que trata el **Artículo** 62, párrafo único.

7.º Si la ley no fuese promulgada en cuarenta y ocho horas por el Presidente de la República, en los casos de los 3.º y 5.º , el Presidente del Senado la promulgará, y si éste no lo hiciese en igual plazo corresponderá hacerlo al Vicepresidente del Senado.

Artículo 67. La materia objeto de un proyecto de ley rechazado solamente podrá constituir objeto de nuevo proyecto, en la misma sesión legislativa, mediante propuesta de la mayoría absoluta de los miembros de cualquiera de las Cámaras del Congreso Nacional.

Artículo 68. Las leyes delegadas serán elaboradas por el Presidente de la República que deberá solicitar la delegación al Congreso Nacional.

1.° No serán objeto de delegación los actos de competencia exclusiva del Congreso Nacional, los de Competencia de la Cámara de los Diputados o del Senado Federal, la materia reservada a la ley complementaria ni la legislación sobre:

1. organización del Poder Judicial y del Ministerio Público, la carrera y las garantías de sus miembros;
2. nacionalidad, ciudadanía, derechos individuales, políticos y electorales;
3. planes plurianuales, directrices presupuestarías y presupuestos.

2.° La delegación al Presidente de la República tendrá la forma de resolución del Congreso Nacional, que especificará su contenido y los términos de su ejercicio.

3.° Si la resolución determinase la apreciación del proyecto por el Congreso Nacional, este la hará en votación única, estando prohibida cualquier enmienda.

Artículo 69. Las leyes complementarias serán aprobadas por mayoría absoluta.

Sección IX. De la Fiscalización Contable Financiera y Presupuestaria

Artículo 70. La fiscalización contable, financiera, presupuestaria, operacional y patrimonial de la Unión y de las entidades de la administración directa e indirecta, en cuanto a la legalidad, legitimidad, economicidad, aplicación de las subvenciones y renuncia de los ingresos, será ejercida por el Congreso Nacional mediante control externo y por el sistema de control interno de cada Poder.

Párrafo único. Rendirá cuentas cualquier persona física o entidad pública que utilice, recaude, guarde, gestione o administre, dinero, bienes o valores públicos o por los cuales la Unión responda o que asuma obligaciones de naturaleza pecuniaria en nombre de ésta.

Artículo 71. El control externo a cargo del Congreso Nacional será ejercido con el auxilio del Tribunal de Cuentas de la Unión, al cual compete:

1. examinar las cuentas rendidas anualmente por el Presidente de la República, mediante informe previo que deberá ser elaborado en el plazo de sesenta días a contar desde su recibimiento;
2. juzgar las cuentas de los administradores y demás responsables por dinero, bienes y valores públicos de la administración directa e indirecta, incluidas las fundaciones y sociedades instituidas y mantenidas por el Poder Público

Federal, y las cuentas de aquellos que dieran lugar a pérdida, extravío u otra irregularidad de la cual resulte perjuicio para el erario publico;

3. examinar, para fines de registro la legalidad de los actos de admisión de personal bajo cualquier título en la administración directa e indirecta, incluidas las fundaciones instituidas y mantenidas por el Poder Público, excepto las nominaciones para cargo de provisión en comisión, así como la de las concesiones de jubilaciones, y pensiones, salvo las mejoras posteriores que no alteren el fundamento legal del acto de concesión;

4. realizar por iniciativa propia, de la Cámara de los Diputados, del Senado Federal, o de una Comisión técnica o de investigación, inspecciones y auditorías de naturaleza contable, financiera, presupuestaria operaciona l y patrimonial en las unidades administrativas de los Poderes Legislativo, Ejecutivo y Judicial y demás entidades referidas en el inciso II;

5. fiscalizar las cuentas nacionales de las empresas supranacionales en cuyo capital social participe la Unión de forma directa o indirecta, en los términos del tratado constitutivo;

6. fiscalizar la aplicación de cualesquiera recursos traspasados por la Unión, mediante convenio, acuerdo, ajuste u otros instrumentos similares a los Estados, al Distrito o a los Municipios;

7. facilitar las informaciones solicitadas por el Congreso Nacional, por cualquiera de sus Cámaras o por cualquiera de las respectivas Comisiones sobre fiscalización contable, financiera, presupuestaria, operacional y patrimonial y sobre lo s resultados de las auditorías e inspecciones realizadas;

8. aplicar a los responsables, en caso de ilegalidad del gasto o irregularidad de las cuentas, las sanciones previstas en

la ley, que establecerá entre otras conminaciones, multa proporcional al daño causado al erario;

9. señalar plazo para que el órgano o entidad adopte las providencias necesarias para el exacto cumplimiento de la ley, si fuera verificada alguna ilegalidad;

10. informar al Poder competente sobre las irregularidades o abusos verificados.

1.° En el caso de contratos, el acto de suspensión será adoptado directamente por el Congreso Nacional, el cual solicitará, de inmediato, al Poder Ejecutivo, las medidas posibles.

2.° Si el congreso Nacional o el Poder Ejecutivo, no adoptarán las medias previstas en el párrafo anterior en el plazo de noventa días, el Tribunal decidirá a este respecto.

3.° Las decisiones del Tribunal de las cuales resulten imputación de deuda o multa, tendrán eficacia de título ejecutivo.

4.° El Tribunal dirigirá al Congreso Nacional, trimestral y anualmente, informe de sus actividades.

Artículo 72. La Comisión mixta permanente a que se refiere el

Artículo 166. 1.° ante indicios de pagos no autorizados incluso bajo la forma de inversiones no programadas o subvenciones no aprobadas, podrá solicitar a la autoridad gubernamental responsable que preste las aclaraciones necesarias, en el plazo de cinco días.

1.º No prestadas las aclaraciones, o consideradas estas insuficientes, la Comisión solicitará al Tribunal pronunciamiento definitivo sobre la materia, en el plazo de treinta días.

2.º Entendiendo el Tribunal irregular el gasto, la Comisión, si estimase que el gasto puede causar daño irreparable o grave lesión a la economía pública, propondrá al Congreso Nacional su suspensión.

Artículo 73. El Tribunal de Cuentas de la Unión, integrado por nueve Ministros, tiene la sede en el Distrito Federal, su cuadro propio de personal y jurisdicción en todo el territorio nacional ejerciendo, en lo que cupiere, las atribuciones previstas en el **Artículo** 96.

1.º Los Ministros del Tribunal de Cuentas de la Unión serán nombrados entre brasileños que cumplan los siguientes requisitos:

1. más de treinta y cinco y menos de sesenta y cinco años de edad;
2. idoneidad moral y reputación intachable;
3. notorios conocimientos jurídicos, contables, económicos y financieros o de administración pública;
4. más de diez años de ejercicio como funcionario o de efectiva actividad profesional que exija los conocimientos mencionados en el inciso anterior.

2.º Los ministros del Tribunal de cuentas de la Unión será seleccionados:

1. un tercio por el Presidente de la República, con la aprobación del Senado Federal, siendo dos de ellos elegidos alternativamente de entre auditores y miembros del Ministerios Publico ante el tribunal, propuestos en terna por el Tribunal, según los criterios de antigüedad y méritos;
2. dos tercios por el Congreso Nacional.

3.º Los Ministros del Tribunal de Cuentas de la Unión tendrán las mismas garantías prerrogativas, impedimentos, salarios y ventajas que los Ministros del Superior Tribunal de Justicia, y solo podrán jubilarse con las ventajas del cargo cuando lo hubiesen ejercido efectivamente durante más de cinco años.

4.º El Auditor, cuando actué en sustitución del Ministro, tendrá las mismas garantía e impedimentos del titular, y cuando actúe en el ejercicio de las demás atribuciones de la judicatura, las de Juez del Tribunal Regional Federal.

Artículo 74. Los Poderes Legislativo, Ejecutivo y Judicial mantendrán, de forma integrada, sistemas de control interno con la finalidad de:

1. evaluar el cumplimiento de las metas previstas en el plan plurianual, la ejecución de los programas de gobierno y de los presupuestos de la Unión;
2. comprobar la legalidad y evaluar los resultados, en cuanto a su eficacia y eficiencia de la gestión presupuestaria, financiera y patrimonial de los órganos y entidades de la administración federal así como de la aplicación de los recursos públicos por entidades de derecho privado;

3. ejercer en control de las operaciones de crédito, avales y garantías, así como de los derechos y haberes de la Unión;

4. apoyar el control externo en el ejercicio de su misión institucional.

1.º Los responsables del control interno, al tener conocimiento de cualquier irregularidad o ilegalidad, darán conocimiento de ella al Tribunal de Cuentas de la Unión, bajo pena de responsabilidad solidaria.

2.º Cualquier ciudadano, partido político, asociación o sindicato es parte legítima para, en la forma de la ley, denunciar irregularidades o ilegalidades ante el Tribunal de Cuentas de la Unión.

Artículo 75. Las normas establecidas en esta sección se aplicarán en lo que cupiese, a la organización, composición y fiscalización de los Tribunales de Cuentas de los Estados, y del Distrito Federal, así como de los Tribunales y Consejos de Cuentas de los Municipios.

Párrafo único. Las Constituciones estatales regularán los Tribunales de Cuentas respectivos, que estarán integradas por siete Consejeros.

Capítulo II. Del Poder Ejecutivo

Sección I. Del Presidente y del Vicepresidente de la República

Artículo 76. El Poder Ejecutivo es ejercido por el Presidente de la República, auxiliado por los Ministros de Estado.

Artículo 77. La elección del Presidente y del Vicepresidente de la República se realizará simultáneamente, noventa días antes del término del mandato presidencial vigente.

1.º La elección del Presidente de la República comportará la del Vicepresidente registrado con él.

2.º Será considerado electo Presidente el candidato que, registrado por un partido político, obtuviese la mayoría absoluta de votos, no computándose los blancos y nulos.

3.º Si ningún candidato obtuviese la mayoría absoluta en la primera votación se hará una nueva elección dentro de los veinte días siguientes a la proclamación del resultado, concurriendo los dos candidatos más votados, y considerándose electo aquél que obtuviese la mayoría de los votos válidos.

4.º Si antes de realizado el segundo turno ocurriere la muerte, desistimiento o impedimento legal de un candidato, se convocará al de mayor votación entre los restantes.

5.º Si en la hipótesis de los párrafos anteriores, permaneciese en segundo lugar más de un candidato con los mismos votos, se calificará el de más edad.

Artículo 78. El Presidente y el Vicepresidente de la República tomarán posesión en sesión del Congreso Nacional, prestando juramento de mantener, defender y cumplir la

Constitución, observar las leyes, promover el bien general del pueblo brasileño, y sustentar la unión, la integridad y la independencia del Brasil.

Párrafo único. Si, transcurridos diez días desde la fecha fijada para la toma de posesión, el Presidente o el Vicepresidente, salvo motivo de fuerza mayor, no hubiese asumido el cargo, éste será declarado vacante.

Artículo 79. Substituirá al Presidente, en caso de impedimento, y lo sucederá en el de vacante el Vicepresidente.

Párrafo único: El Vicepresidente de la República además de otras atribuciones que le fuesen conferidas por ley complementaria, auxiliará al Presidente, siempre que fuese convocado por él para misiones especiales.

Artículo 80. En caso de impedimento del Presidente y del Vicepresidente, o de vacante de los respectivos cargos, serán llamados sucesivamente al ejercicio de la Presidencia el Presidente de la Cámara de Diputados, el del Senado Federal y el del Suprema Tribunal Federal.

Artículo 81. Estado vacantes los cargos de Presidente y Vicepresidente de la República se hará la elección noventa días después de haber quedado vacante el último cargo.

1.° Produciéndose las vacantes en los dos últimos años del período presidencial, la elección para ambos cargos será hecha treinta días después de producida la última vacante, por el Congreso Nacional, en la forma de la ley.

2.º En cualquiera de los casos, los que resulten elegidos deberán completar el período de sus antecesores.

Artículo 82. El mandato del Presidente de la República es de cinco años, prohibiéndose la reelección para el período siguiente, y tendrá inicio el 1 de enero del año siguiente al de su elección.

Artículo 83. El Presidente y el Vicepresidente de la República no podrán ausentarse del país por un período superior a quince días, sin licencia del Congreso Nacional, bajo pena de pérdida del cargo.

Sección II. De las Atribuciones del Presidente de la República

Artículo 84. Compete privativamente al Presidente de la República:

1. nombrar y separar a los Ministros de Estado;
2. ejercer, con auxilio de los Ministros de Estado, la dirección superior de la administración federal;
3. iniciar el proceso legislativo, en la forma y en los casos previstos en esta Constitución;
4. sancionar, promulgar y hacer públicas la leyes, así como dictar decretos y reglamentos para su fiel ejecución;
5. vetar proyectos de ley total o parcialmente;
6. disponer sobre la organización y funcionamiento de la administración federal, en la forma de la ley;
7. mantener relaciones con los Estados extranjeros y acreditar a sus representantes diplomáticos;
8. celebrar tratados, convenciones y actos internacionales, sujetos a refrendo del Congreso Nacional;

9. decretar estado de defensa y estado de sitio;

10. decretar y ejecutar la intervención federal;

11. remitir informe y plan de Gobierno al Congreso Nacional con ocasión de la apertura de la sesión legislativa, exponiendo la situación del País y solicitando las providencias que juzgase necesarias;

12. conceder indultos y conmutar penas, con audiencia, si fuese necesario, de los órganos instituidos en la ley;

13. ejercer el mando supremo de las Fuerzas Armadas, promover sus oficiales generales y nombrarlos para los cargos que le son privativos;

14. nombrar, después de la aprobación del Senado Federal, los Ministros del Supremo Tribunal Federal y de los Tribunales Superiores, los Gobernadores de Territorios, el Procurador General de la República, el presidente y los directore s del Banco Central y otros funcionarios, cuando esté determinado en la ley;

15. nombrar, observado lo dispuesto en el **Artículo** 73, los Ministros del Tribunal de Cuentas de la Unión;

16. nombrar los magistrados, en los casos previstos en esta Constitución, y el Abogado General de la Unión;

17. nombrar los miembros del Consejo de la República, en los términos del **Artículo** 89, VII;

18. convocar y presidir el Consejo de la República y el Consejo de Defensa Nacional;

19. declarar la guerra, en el caso de agresión extranjera, autorizado por el Congreso Nacional o refrendado por él, cuando tuviese lugar en el intervalo entre reuniones legislativas, y, en las mismas condiciones, decretar total o parcialment e la movilización nacional;

20. acordar la paz, autorizado o con el refrendo del Congreso Nacional;

21. conceder condecoraciones y distinciones honoríficas;

22. permitir, en los casos previstos en la ley complementaria, que fuerza extranjeras transiten por el territorio nacional o permanezcan en él temporalmente;

23. enviar al Congreso Nacional el plan plurianual, el proyecto de directrices presupuestarias y las propuestas de presupuesto previstas en esta Constitución;

24. rendir anualmente al Congreso Nacional, dentro de los sesenta días a partir de la apertura de la sesión legislativa, las cuentas referentes al ejercicio anterior;

25. proveer y extinguir los cargos públicos federales, en la forma de la ley;

26. dictar medidas provisionales con fuerza de ley en los términos del **Artículo** 62;

27. ejercer otras atribuciones previstas en esta Constitución.

Párrafo único. El Presidente de la República podrá delegar las atribuciones mencionadas en los incisos VI, XII y XXV, primera parte, a los Ministros de Estado, al Procurador General de la República o al Abogado General de la Unión, los cuales observarán los límites establecidos en las respectivas delegaciones.

Sección III. De la Responsabilidad del Presidente de la República

Artículo 85. Constituyen delitos de responsabilidad los actos del Presidente de la República que atenten contra la Constitución Federal y, especialmente contra:

1. la existencia de la Unión;

2. el libre ejercicio del Poder Legislativo, del Poder Judicial, del Ministerio Público y de los Poderes constitucionales de las unidades de la Federación;

3. el ejercicio de los derechos políticos, individuales y sociales;

4. la seguridad interna del País;

5. la probidad en la Administración;

6. la ley presupuestaria;

7. el cumplimiento de las leyes y de las decisiones judiciales.

Párrafo único. Esos delitos serán definidos en ley especial, que establecerá las normas de proceso y enjuiciamiento.

Artículo 86. Admitida la acusación contra el Presidente de la República por dos tercios de la Cámara de los Diputados, será sometido a juicio ante el Supremo Tribunal Federal, en las infracciones penales comunes, o ante el Senado Federal en los casos de responsabilidad.

1.° el Presidente quedará suspendido en sus funciones:

1. en las infracciones penales comunes, una vez recibida la denuncia o la querella por el Supremo Tribunal Federal;

2. en los delitos de responsabilidad después del procesamiento por el Senado Federal.

2.° Si, transcurrido el plazo de ciento ochenta días, no estuviese concluido el juicio, cesará la suspensión del Presidente, sin perjuicio del regular proseguimiento del proceso.

3.º Entretanto no se dicte sentencia condenatoria, en las infracciones comunes, el Presidente de la República no estará sujeto a prisión.

4.º El Presidente de la República, durante la vigencia de su mandato, no podrá ser responsabilizado por actos extraños al ejercicio de sus funciones.

Sección IV. De los Ministros de Estado

Artículo 87. Los Ministros de Estado serán escogidos entre brasileños mayores de veintiún años y en ejercicio de los derechos políticos.

Párrafo único. Compete a los Ministros de Estado, además de otras atribuciones establecidas en esta Constitución y en la ley:

1. ejercer la orientación, coordinación y supervisión de los órganos y entidades de la Administración Federal en el área de su competencia y refrendar los actos y decretos firmados por el Presidente de la República ;
2. expedir instrucciones para la ejecución de leyes, decretos y reglamentos;
3. presentar al Presidente de la República informe anual de su gestión en el Ministerio;
4. llevar a cabo los actos pertinentes a las atribuciones que le fueren otorgadas o delegadas por el Presidente de la República.

Artículo 88. La ley regulará la creación, estructuración y atribuciones de los Ministerios.

Sección V. Del Consejo de la República y del Consejo de Defensa Nacional

Subsección I. Del Consejo de la República

Artículo 89. El Consejo de la República es el órgano superior de consulta del Presidente y participan en él:

1. el Vicepresidente de la República;
2. el Presidente de la Cámara de los Diputados;
3. el Presidente del Senado Federal;
4. los líderes de la mayoría y minoría de la Cámara de Diputados;
5. los líderes de la mayoría y minoría del Senado Federal;
6. el Ministro de Justicia;
7. seis ciudadanos brasileños de origen con más de treinta y cinco años de edad, siendo nombrados por el Presidente de la República, dos elegidos por el Senado Federal y dos elegidos por la Cámara de los Diputados, todo s con mandato de tres años, prohibiéndose la reelección.

Artículo 90. Compete al Consejo de la República pronunciarse sobre:

1. la intervención federal, el estado de defensa y el estado dc sitio;
2. las cuestiones relevantes par la estabilidad de las instituciones democráticas.

1.º El Presidente de la República podrá convocar a los Ministros de Estado para participar en la reunión de Consejo, cuando constasen en el orden del día de la reunión cuestiones relacionadas con su respectivo Ministerio.

2.º La ley regulará la organización y funcionamiento del Consejo de la República.

Subsección II Del Consejo de Defensa Nacional

Artículo 91. El Consejo de Defensa Nacional es el órgano de consulta del Presidente de la República en los asuntos relacionados con la soberanía nacional y la defensa del Estado democrático y participan en él como miembros natos:

1. el Vicepresidente de la República;
2. el Presidente de la Cámara de Senadores;
3. el Presidente del Senado Federal;
4. el Ministro de Justicia;
5. los Ministros Militares;
6. el Ministro de Relaciones Exteriores;
7. el Ministro de Planificación.

1.º Compete al Consejo de Defensa Nacional:

1. opinar en la hipótesis de declaración de guerra y de celebración de la paz, en los términos de la Constitución;
2. opinar sobre la decisión de decretar el estado de defensa, el estado de sitio y la intervención federal;
3. proponer los criterios y condiciones de utilización de áreas indispensables para la seguridad del territorio nacional y opinar sobre el uso efectivo, especialmente en la franja de la frontera y en las relacionadas con la preservación y la explotación de los recursos naturales de cualquier tipo;

4. estudiar, proponer y controlar el desarrollo de iniciativas necesarias para garantizar la independencia nacional y la defensa del Estado democrático.

2.º La ley regulará la organización y el funcionamiento del Consejo de Defensa Nacional.

Capítulo III. Del Poder Judicial

Sección I. Disposiciones Generales

Artículo 92. Son órganos del Poder Judicial:

1. el Supremo Tribunal Federal;
2. el Superior Tribunal de Justicia;
3. los Tribunales Regionales Federales y Jueces Federales;
4. los Tribunales y Jueces del Trabajo;
5. los Tribunales y Jueces Electorales;
6. los Tribunales y Jueces Militares;
7. los Tribunales y Jueces de los Estados, del Distrito Federal y Territorios.

Párrafo único. El Supremo Tribunal Federal y los Tribunales Superiores tienen su sede en la Capital Federal y jurisdicción en todo el territorio nacional.

Artículo 93. Una ley complementaria, de iniciativa del Supremo Tribunal Federal, regulará el Estatuto de la Magistratura, observando los siguientes principios:

1. el ingreso en la carrera, cuyo cargo inicial será el de Juez substituto, a través de concurso público de pruebas y

títulos, con la participación de la Orden de los Abogados de Brasil en todas sus fases, atendiéndose ; , en las nominaciones, al orden de clasificación;

2. promoción de grado a grado, alternativamente, por antigüedad y mérito, obedeciendo las siguientes normas:

1. es obligatoria la promoción del juez que figure por tres veces consecutivas o cinco alternativas en la lista de mérito;

2. la promoción por mérito requiere dos años de ejercicio en el respectivo grado y que el juez integre la primera quinta parte de la lista de antigüedad de éste, salvo que no hubiese con tales requisitos quien aceptase la plazo vacante;

3. la evaluación del mérito se hará por criterios de prontitud y seguridad en el ejercicio de la jurisdicción y por la frecuencia y aprovechamiento en cursos reconocidos de perfeccionamiento;

4. en la apreciación de la antigüedad, el tribunal solamente podrá recusar al juez más antiguo por el voto de dos tercios de sus miembros, conforme al procedimiento propio, repitiéndose la votación hasta concretarse la mención;

3. el acceso a los tribunales de segundo grado se hará por antigüedad y mérito, alternativamente, apreciados en el último grado o, donde hubiese, en el Tribunal de Alzada, cuando se tratase de la promoción para el Tribunal de Justicia de acuerdo con el inciso II y la clase de origen;

4. la previsión de cursos oficiales de preparación y perfeccionamiento de magistrados como requisitos para ingreso y promoción en la carrera;

5. los salarios de los magistrados serán fijados con una diferencia no superior al diez por ciento de una u otra de las categorías de la carrera, no pudiendo, por ningún titulo, superar al de los Ministros del Supremo Tribunal Federa l;

6. la jubilación con remuneración íntegra es obligatoria por invalidez a los setenta años de edad, y facultativa a los treinta años de servicio, después de cinco años de ejercicio efectivo en la judicatura ;

7. el juez titular residirá en la respectiva comarca;

8. el acto de remoción, excedencia y jubilación del magistrado por interés público, dependerá de la decisión por voto de dos tercios, del respectivo tribunal, asegurándose amplia defensa.

9. todos los juicios de los órganos del Poder Judicial serán públicos, y fundamentadas todas sus decisiones, bajo pena de nulidad, pudiendo la ley, si el interés público lo exigiese, limitar la presencia, en determinado s actos, a las propias partes y sus abogados, o solamente a éstos;

10. las decisiones administrativas de los tribunales serán motivadas, siendo las disciplinarias adoptadas por el voto de la mayoría absoluta de sus miembros;

11. en los tribunales con número superior a veinticinco juzgadores podrá ser constituido un órgano especial, con un mínimo de once y un máximo de veinticinco miembros, para el ejercicio de las atribuciones administrativa s y jurisdiccionales de competencia del Tribunal en pleno.

Artículo 94. Un quinto de las plazas de los Tribunales REgionales Federales, de los Tribunales de los Estados y del Distrito Federal y Territorios estará compuesto por miembros, del Ministerio Público, con más de diez años de carrera, y por abogados de notorio saber jurídico y de reputación intachable, con más de diez años de efectiva actividad profesional, propuestos en lista de seis por los órganos de representación de las respectivas clases.

Párrafo único. Recibidas las propuestas, el tribunal formará una terna, enviándola al Poder ejecutivo, que, en los veinte días siguientes, escogerá uno de sus integrantes para la nominación.

Artículo 95. Los jueces gozan de las siguientes garantías:

1. carácter vitalicio, que, en el primer grado, solo será adquirido después de dos años de ejercicio, dependiendo la pérdida del cargo en ese período de decisión del tribunal al que el juez estuviera vinculado y, en los demás casos, de sentencia judicial firme;
2. la inamovilidad, salvo por motivo de interés público, en la forma del **Artículo** 93, VIII;
3. irreductibilidad de los salarios, observando, en cuanto a la remuneración, lo que disponen los **Artículos** 37, XI; 150, II; 153, III, y 153,2.º , I.

Párrafo único: Está prohibido a los jueces:

1. Ejercer, incluso en situación de disponibilidad, otro cargo o función, salvo en la enseñanza;
2. Recibir, por cualquier motivo o pretexto, costas o participación en el proceso;
3. Dedicarse a actividad política de partidos.

Artículo 96. Compete privativamente:

1. a los Tribunales:
1. elegir sus órganos directivos y elaborar sus reglamentos internos con observancia de las normas del proceso y de las garantías procesales de las partes, regulando su competen-

cia y el funcionamiento de los respectivos órganos jurisdiccionales y administrativos;

2. organizar sus secretarías y servicios auxiliares y los de los juzgados a ellos vinculados, velando por el ejercicio de la actividad disciplinaria respectiva;

3. proveer, en la forma prevista en esta Constitución, los cargos de juez de carrera de la respectiva jurisdicción;

4. proponer la creación de nuevas demarcaciones judiciales;

5. proveer por concurso público de pruebas, o de pruebas y títulos, atendiendo a lo dispuesto en el **Artículo** 169, párrafo único, los cargos necesarios para la Administración de Justicia, excepto los de confianza así ; definidos en ley;

6. conceder licencias, vacaciones y otros permisos para ausencias a sus miembros y a los jueces y servidores directamente vinculados a ellos;

2. al Supremo Tribunal Federal, a los Tribunales Superiores y a los tribunales de Justicia, proponer al Poder Legislativo respectivo, observando lo dispuesto en el **Artículo** 169:

1. la modificación del numero de miembros de los Tribunales inferiores;

2. la creación y la extensión de cargos y la fijación de los salarios de sus miembros, de los jueces, incluso de los tribunales inferiores, donde los hubiese, de los servicios auxiliares y los de los juzgados a ellos vinculados;

3. la creación o extinción de los tribunales inferiores;

4. la alteración de la organización y de las divisiones judiciales;

3. a los Tribunales de Justicia juzgar a los jueces estatales y del Distrito Federal y Territorios, así como a los miembros del Ministerio Público, en los delitos comunes y de responsabilidad, respetando la competencia de la Justicia Electo ral.

Artículo 97. Solamente por el voto de la mayoría absoluta de sus miembros o de los miembros del respectivo órgano especial podrán los tribunales declarar la inconstitucionalidad de una ley o de un acto normativo del poder público.

Artículo 98. La Unión creará, en el Distrito Federal y en los Territorios y los Estados:

1. juzgados especiales integrados por jueces togados, o togados y legos, competentes para la conciliación, juicio y ejecución de causas civiles de menor cuantía e infracciones penales de menor potencial ofensivo, mediante procedimien tos orales y sumarísimos, permitiéndose, en las hipótesis previstas en la ley, la transacción y el enjuiciamiento de los recursos por grupo de jueces de primer grado;
2. órganos judiciales de paz remunerados, compuestos de ciudadano elegidos por voto directo universal y secreto, con mandato de cuatro años y dotados de competencia, para, en la forma de ley, celebrar matrimonios, verificar, de oficio o a r aíz de la presentación de impugnaciones, el proceso de habilitación y ejercer competencias conciliatorias, sin carácter jurisdiccional, además de otras previstas en la legislación.

Artículo 99. Se garantiza la autonomía administrativa y financiera del Poder Judicial.

1.° Los tribunales elaborarán sus propuestas presupuestarías dentro de los límites estipulados, conjuntamente con los demás poderes, en la ley directrices presupuestarías.

2.º La remisión de la propuesta, oídos los demás tribunales interesados, compete:

1. en el ámbito de la Unión, a los Presidentes del Supremo Tribunal Federal y de los Tribunales Superiores, con la aprobación de los respectivos tribunales.

2. en el ámbito de los Estados y en el Distrito Federal y Territorios a los Presidentes de los Tribunales de Justicia, con la aprobación de los respectivos tribunales.

Artículo 100. A excepción de los créditos de naturaleza alimenticia, los pagos debidos por la Hacienda Federal, Estatal o Municipal, en virtud de sentencia judicial, se harán efectivos exclusivamente en el orden cronológico de presentación de los exhortes y a cuenta de los créditos respectivos, prohibiéndose la designación de casos o de personas en las dotaciones presupuestaria y en los créditos presupuestarios abiertos para este fin.

1.º Es obligatoria la inclusión, en el presupuesto de las entidades de derecho público, de la mención necesaria del pago de sus deudas que consten en exhortes judiciales, presentados hasta el 1 de julio, fecha en la que tendrán actualizados sus valores, haciéndose el pago hasta el final del ejercicio siguiente.

2.º Las dotaciones presupuestarias y los créditos abiertos se consignarán al Poder judicial, retirándose las cuentas respectivas de las oficinas públicas competentes, correspondiendo al Presidente del Tribunal que adoptase la decisión ejecutiva determinar el pago según el alcance del depósito, y autorizar, a requerimiento de acreedor, y exclusivamente en el supuesto de preterición de su derecho preferente, el embargo de la cuantía necesaria para la satisfacción de la deuda.

Sección II. Del Supremo Tribunal Federal

Artículo 101. El Supremo Tribunal Federal está compuesto por once Ministros con más de treinta y cinco y menos de sesenta y cinco años de edad, de notable saber jurídico y de reputación intachable.

Artículo 102. Es competencia del Supremo Tribunal Federal, principalmente, la garantía de la Constitución, correspondiéndole:

1. procesar y juzgar, originariamente:

1. la acción directa de inconstitucionalidad de leyes o actos normativos federales o estatales;

2. al Presidente de la República, al Vicepresidente, a los miembros del Congreso Nacional, a sus propios Ministros y al Procurador General de la República en las infracciones penales comunes;

3. a los Ministros de Estado, con excepción de lo dispuesto en el **Artículo** 52, I, a los miembros de los Tribunales Superiores, a los del Tribunal de Cuentas de la Unión y a los jefes de misiones diplomáticas de carácter permanente en las infracciones penales comunes y en los delitos de responsabilidad;

4. los «habeas corpus», siendo sujeto pasivo cualquiera de las personas señaladas en las líneas anteriores; los «mandados de suguranca» y los «habeas data» contra actos del Presidente de la República, de las Mesas de la Cámara de los Diputados y del Senado Federal, del Tribunal de Cuentas

de la Unión, del Procurador General de la República y del propio Supremo Tribunal Federal;

5. los litigios entre Estado extranjero o organismo internacional y la Unión, el Estado, el Distrito Federal o el Territorio;

6. las causas y los conflictos entre la Unión y los Estados, la Unión y el Distrito Federal, o entre unos y otros, inclusive las respectivas entidades de la administración indirecta;

7. la extradición solicitada por un Estado extranjero;

8. la homologación de sentencias extranjeras y la concesión de «exequatur» a las cartas rogatorias, que pueden ser conferidas, por reglamento interno, a su Presidente.

9. los «habeas corpus», cuando el coactor o el sujeto pasivo fuese un tribunal, una autoridad o un funcionario cuyos actos estén sujetos directamente a jurisdicción del Supremo Tribunal Federal, o se trate de delito sujeto a la misma jurisdicción en única instancia.

10. la revisión criminal y la acción rescisoria de sus juzgados;

11. la reclamación para el mantenimiento de su competencia y la garantía, estándole permitida la delegación de atribuciones para la práctica de actos procesales;

12. la ejecución de las sentencias en las causas de su competencia originaria, estándole permitida la delegación de atribuciones para la práctica de actos procesales;

13. las acciones en la que todos los miembros de la magistratura estén directa o indirectamente interesados, y aquella en que más de la mitad de los miembros del tribunal de origen se encuentren impedidos o estén directa o indirectamente interesados;

14. los conflictos de jurisdicción entre el Superior Tribunal de Justicia y cualesquiera tribunales, entre Tribunales Superiores o entre estos y cualquier otro Tribunal;

15. las solicitudes de medidas carteleras en las acciones directas de inconstitucionalidad;

16. los «mandados de injuncao», cuando la elaboración de la norma reglamentaria estuviese atribuida al Presidente de la República, al Congreso Nacional, a la Cámara de Diputados, al Senado Federal, a las mesas de una de esas Cámaras Legislativas, al Tribunal de Cuentas de la Unión a uno de los Tribunales Superiores, o al propio Supremo Tribunal Federal.

2. Juzgar, en recursos ordinario:

1. los «habeas corpus», los «mandados de seguranca», los «habeas data» y los «mandados de injuncao» decididos en única instancia por los Tribunales Superiores, si la resolución fuese denegatoria;

2. el delito político.

3. Juzgar, mediante recurso extraordinario, las causas decididas en única o última instancia, cuando la decisión recurrida:

1. fuese contraria a disposiciones de esta Constitución;

2. declárese la inconstitucionalidad de un tratado o una ley federal;

3. juzgarse válida una ley o un acto de un gobierno local discutido a la vista de esta Constitución;

Párrafo único. La alegación de incumplimiento de un precepto fundamental derivado de esta Constitución será apreciado por el Supremo Tribunal, en la forma de la ley.

Artículo 103. Puede interponer la Acción de inconstitucionalidad:

1. el Presidente de la República;
2. la Mesa del Senado Federal;
3. la Mesa de la Cámara de los Diputados;
4. la Mesa de la Asamblea Legislativa;
5. el Gobernador del Estado;
6. el Procurador General de la República;
7. el Consejo Federal de la Orden de los Abogados de Brasil;
8. los partidos políticos con representación en el Congreso Nacional;
9. las Confederaciones Sindicales o entidades de clase de ámbito nacional.

1.º El Procurador General de la República deberá ser previamente oído en las acciones de inconstitucionalidad y en todos los procesos de competencia del Supremo Tribunal Federal.

2.º Declarada la inconstitucionalidad por omisión de una medida destinada a dar efectividad a una norma Constitucional, se comunicará al Poder Competente para la adopción de las providencias necesarias y, tratándose de órgano administrativo, para que se haga en treinta días.

3.º Cuando el Supremo Tribunal Federal apreciarse la inconstitucionalidad, de manera, general, de una norma legal o acto normativo, citará, previamente, al Abogado General de la unión, que defenderá el acto o texto impugnado.

Sección III. Del Superior Tribunal de Justicia

Artículo 104. El Superior Tribunal de Justicia se compone, como mínimo, de treinta y tres Ministros.

Párrafo único. Los Ministros del Superior Tribunal de Justicia serán nombrados por el Presidente de la República, entre brasileños con más de treinta y cinco y menos de sesenta y cinco años, de notable saber jurídico y reputación intachable, después de aprobada la selección por el Senado Federal, siendo:

1. Un tercio de entre jueces de los Tribunales Regionales Federales y un tercio de entre jueces de apelación de los Tribunales de Justicia, designados en la terna elaborada por el propio Tribunal;
2. un tercio, en partes iguales, de entre abogados y miembros del Ministerio Publico Federal, Estatal, del Distrito Federal y Territorios, alternativamente, designados en la forma del **Artículo** 94.

Artículo 105. Compete al Superior Tribunal de Justicia:

1. procesar y juzgar, originariamente:

1. en los delitos comunes, a los Gobernadores de los Estados y del Distrito Federal y, en estos y el los de responsabilidad, a los jueces de apelación de los Tribunales de Justicia de Cuentas de los Estados y del Distrito Federal, a los de los Tribunales Regionales Federales, a los de los Tribunales Regionales Electorales y del Trabajo, a los miembros de los Consejos o Tribunales de Cuentas de los Municipios y a los

del Ministerio Público de la Unión que oficien ante los tribunales;

2. los «mandados de seguranca» y los «habeas data» contra actos de un Ministro de Estado o del propio Tribunal;

3. los «habeas corpus», cuando el coactor o el sujeto pasivo fuesen cualesquiera de las personas señaladas en el apartado a) o cuando el coactor fuese un Ministro de Estado, salvaguardada la competencia de la Justicia Electoral;

4. los conflictos de competencia entre cualquier tribunal, salvo lo dispuesto en **Artículo** 102, I, o) así como entre un Tribunal y jueces no vinculados a éste, o entre jueces vinculados a tribunales diversos;

5. las revisiones criminales y las acciones rescisorias de sus juzgados;

6. la reclamación para el mantenimiento de su competencia y la garantía de autoridad de sus decisiones;

7. los conflictos de atribuciones entre autoridades administrativas y judiciales de la Unión, o entre autoridades judiciales de un Estado u Administrativas de otro o del Distrito Federal, o entre las de este y de la Unión;

8. el «mandato de injuncao», cuando la elaboración de la norma reglamentaria fuese atribución de un órgano, entidad o autoridad de la administración directa o indirecta, exceptuados los casos competencia del Supremo Tribunal F ederal y de los órganos de la Justicia Militar, de la Justicia Electoral, de la Justicia del Trabajo y de la justicia Federal;

2. juzgar, en recurso ordinario:

1. los «habeas corpus» decididos en única o última instancia por los Tribunales Regionales Federales o por los Tribunales de los Estados, del Distrito Federal y Territorio, cuando la resolución fuese denegatoria;

2. Los «mandados de seguranca» decididos en única instancia por los Tribunales Regionales Federales o por los Tribunales de los Estados, del Distrito Federal y Territorios cuando la resolución fuese denegatoria;

3. las causas en que fuesen parte de un lado, un Estado extranjero u organismo internacional, y de otro, un Municipio o persona residente o domiciliada en el país;

3. juzgar, en recurso especial, las causas decididas, en única o última instancia, por Tribunales Regionales Federales o por los Tribunales de los Estados, del Distrito Federal y Territorios, cuando la decisión fuese recurrida:

1. contraviniese un tratado o ley federal, o les negase vigencia;

2. juzgase válida a una ley o acto de gobierno local de dudosa compatibilidad con una ley federal;

3. diese a una ley federal una interpretación divergente de la que hubiese atribuido otro tribunal

Párrafo único. Funcionará junto al Superior Tribunal del Justicia el Congreso de la Justicia Federal, correspondiéndole, en la forma que la ley determine, ejercer la supervisión administrativa y presupuestaria de la Justicia Federal de primero y segundo grado.

Sección IV. De los Tribunales Regionales Federales
y de los Jueces Federales

Artículo 106. Son órganos de la Justicia Federal:

1. Los Tribunales Regionales Federales;

2. Los Jueces Federales;

Artículo 107. Los Tribunales Regionales se componen, como mínimo, de siete jueces, seleccionados, cuando fuese posible, en la respectiva región y nombrados por el Presidente de la República entre brasileños con más de treinta y menos de sesenta y cinco años, siendo:

1. un quinto de entre abogados con más de diez años de efectiva actividad profesional y miembros del Ministerio Público Federal con más de diez años de carrera;
2. los demás, mediante promoción de jueces federales con más cinco anos de ejercicio, por antigüedad y mérito, alternativamente;

Párrafo único. La ley regulará la remoción o la permuta de los jueces de los Tribunales Regionales Federales y determinará su jurisdicción y sede

Artículo 108. Es competencia de los Tribunales Regionales Federales:

1. procesar y juzgar, originariamente:
1. a los jueces federales de área de su jurisdicción, incluidos los de la Justicia Militar y de la Justicia del Trabajo, en los delitos comunes y de la responsabilidad y a los miembros del Ministerio Público de la Unión, salva guardando la competencia de la Justicia Electoral;
2. las revisiones criminales y las acciones rescisorias de sus juzgados o de los jueces federales de la región;
3. los «mandados de seguranca» y los «habeas data» contra actos del propio Tribunal o de los jueces federales;

4. los «habeas corpus», cuando la autoridad coactora fuese un juez federal;

5. los conflictos de competencia entre jueces federales vinculados al Tribunal;

2. juzgar, en grado de recurso, las causas decididas por los jueces estatales en el ejercicio de la competencia federal en el área de su jurisdicción.

Artículo 109. Es competencia de los jueces federales procesar y juzgar:

1. las causas en que la Unión, un organismo autónomo o una empresa pública federal tuviesen interés en condición de actores, demandados, coadyuvantes o terceros, excepto las de quiebra, las de accidentes de trabajo y lo s sujetos a la Justicia Electoral y a la Justicia del Trabajo;

2. las causas entre Estado extranjero u organismo internacional y Municipio o persona domiciliada o residente en el País;

3. las causas fundadas en un tratado o un acuerdo de la Unión con un Estado extranjero u organismo internacional;

4. los delitos políticos y las infracciones penales contra los bienes, servicios o intereses de la Unión o de sus organismos autónomos o empresas públicas, excluidas las contravenciones y salvaguardada la competencia de la Justicia Militar y de la Justicia Electoral;

5. los delitos previstos en tratado o convención internacional, cuando, iniciada la ejecución en el País, el resultado tenga o deba de tener lugar en el extranjero, o viceversa;

6. los delitos contra la organización del trabajo y, en los casos señala dos en la ley, contra el sistema financiero y el orden económico financiero;

7. los «habeas corpus», en materia criminal de su competencia o cuando la coacción proviniese de autoridad cuyos actos no estén directamente sujetos a otra jurisdicción;

8. los «mandados de seguranca» y los «habeas data» contra actos de una autoridad federal, exceptuados los casos de competencia de los tribunales federales;

9. los delitos cometidos a bordo de buques a aeronaves, salvaguardada la competencia de la Justicia Militar;

10. los delitos de entrada o permanencia irregular de extranjeros, la ejecución de cartas rogatorias, después de «exequatur», y de la sentencia extranjera, después de homologación, las causas referentes a nacionalidad, incluida la respectiva opción, y a la naturalización;

11. los conflictos sobre derechos indígenas.

1.º Las causas intentadas contra la Unión podrán ser aforadas en la sección judicial donde tuviera domicilio la otra parte.

2.º Las causas intentadas contra la Unión podrán ser aforadas en la sección judicial donde tuviera su domicilio el actor, en aquella en que hubiese ocurrido el acto o hecho que dio origen a la demanda o donde esté situada la cosa, incluso, en el Distrito Federal.

3.º Serán procesadas y juzgadas en la justicia estatal, en el foro del domicilio de los asegurados o beneficiarios, las causas en que fueran parte instituciones de Seguridad Social y el asegurado, siempre que la comarca no sea sede de la demarcación del juez federal, y si ésta condición está verificada, la ley podrá permitir que otras causas sean también procesadas y juzgadas por la justicia estatal.

4.º En la hipótesis del párrafo anterior, el recurso que quepa será resuelto siempre por el Tribunal Regional Federal en el área de jurisdicción del juez de primera instancia.

Artículo 110. Cada Estado, así como el Distrito Federal, constituirá una sección judicial que tendrá por sede la respectiva Capital, y demarcaciones localizadas según lo establecido en la ley.

Párrafo único. En los Territorios Federales, la jurisdicción y las competencias reconocidas a los jueces federales podrán ser ejercidos por los jueces de la justicia local en la forma de la ley.

Sección V. De los Tribunales y Jueces del Trabajo

Artículo 111. Son órganos de la Justicia del Trabajo:

1. El Tribunal Superior del Trabajo;
2. Los Tribunales Regionales del Trabajo;
3. Las Juntas de Conciliación del Trabajo;

1.º El Tribunal Superior del Trabajo se compone de veintisiete Ministros, escogidos entre brasileños con más de treinta y cinco y menos de sesenta y cinco años, nombrados por le Presidente de la República después de la aprobación por el Senado Federal, siendo:

1. diecisiete togados y vitalicios, de los que once se escogerán entre jueces de carrera de la magistratura del trabajo, tres de entre abogados y tres de entre miembros del Ministerio Público del Trabajo;

2. diez representantes temporales de clase con representación paritaria de trabajadores y empleadores.

2.º El Tribunal propondrá al Presidente de la República ternas, observándose, en cuanto a las vacantes destinadas a los abogados y a los miembros del Ministerio Público, los dispuesto en el **Artículo** 94 y, para las de representantes de clase, el resultado de la indicación del Colegio Electoral integrado por las directivas de las Confederaciones nacionales de trabajadores o empleadores, conforme el caso; las ternas para la provisión de los cargos destinados a los jueces de la magistratura del trabajo de carrera deberán ser elaborados por los Ministros togados y vitalicios.

3.º La ley regulará la competencia del Tribunal Superior del Trabajo.

Artículo 112. Habrá por lo menos, un Tribunal Regional del Trabajo en cada Estado y en el Distrito Federal, y la ley establecerá las juntas de Conciliación y Enjuiciamiento, pudiendo, en las comarcas donde se fueran establecidos, atribuir su jurisdicción a los jueces de derecho.

Artículo 113. La ley dispondrá sobre la constitución, investidura, jurisdicción y competencias, garantías y condiciones de ejercicio de los órganos de la Justicia del Trabajo, asegurando la representación paritaria de trabajadores y empleadores.

Artículo 114. Es competencia de la Justicia del Trabajo conciliar y juzgar los conflictos individuales y colectivos entre trabajadores y empleadores, incluyendo los entes de derecho público externo y de la administración pública directa e indirecta de los Municipios, del Distrito Federal, de los Estados y de la Unión, y en la forma de la ley, otras controversias deducidas del contrato de trabajo, así como los litigios que tengan origen en el cumplimiento de sus propias sentencias, incluidas las colectivas.

1.º Frustrada la negociación, las partes podrán elegir árbitros.

2.º Si fuese recusada por cualquiera de las partes la negociación o el arbitraje se permite a los respectivos sindicatos declarar conflicto colectivo, pudiendo la Justicia del Trabajo establecer normas y condiciones, respetando las disposiciones convencionales y legales mínimas de protección del trabajo.

Artículo 115. Los Tribunales Regionales del Trabajo estarán compuestos por jueces nombrados por el Presidente de la República, siendo dos tercios jueces togados vitalicios y un tercio jueces temporales de clase, observando, entre los jueces togados, la proporción establecida en **Artículo** 111, 1.º , I.

Párrafo único. Los magistrados de los Tribunales regionales del Trabajo serán:

1. jueces del trabajo , escogidos por promoción, alternativamente, por antigüedad y mérito;
2. abogados y miembros del Ministerio Público del Trabajo, obedeciendo lo dispuesto en el **Artículo** 94;

3. representantes de clase incluidos en las ternas por las directivas de las federaciones y de los sindicatos con base territorial en la región.

Artículo 116. La Junta de Conciliación y Enjuiciamiento estará compuesta por un juez de trabajo, que la presidirá, y dos jueces temporales de clase, representantes de los empleados y de los empleadores.

Párrafo único. Los jueces representantes de clase de las Juntas de Conciliación y Enjuiciamiento serán nombrados por le Presidente del Tribunal Regional del Trabajo, en la forma de la ley permitiéndose una renovación en el cargo.

Artículo 117. El mandato de los representantes de clase, en todas las instancias es de tres años.

Párrafo único. Los representantes de clase tendrán suplentes.

Sección VI. De los Tribunales y Jueces Electorales

Artículo 118. Son órganos de la Justicia Electoral:

1. el Tribunal Superior Electoral;
2. los Tribunales Regionales Electorales;
3. los Jueces Electorales;
4. las Juntas Electorales.

Artículo 119. El Tribunal Superior Electoral se compondrá, mínimamente, de siete miembros, escogidos:

1. Mediante elección, por voto secreto:

1. tres jueces de entre los Ministros del Supremo Tribunal Federal;

2. dos jueces de entre los Ministros del Tribunal Superior de Justicia;

2. por nominación del Presidente de la República, dos jueces de entre seis abogados no notable saber jurídico e idoneidad moral, propuestos por el Supremo Tribunal Federal.

Párrafo único. El Tribunal Superior Electoral elegirá su Presidente y Vicepresidente de entre los Ministros del Supremo Tribunal Federal, y el Corregidor Electoral de entre los Ministros del Tribunal Superior de Justicia.

Artículo 120. Habrá un Tribunal Regional en la Capital de cada Estado y en el Distrito Federal.

1.° Los Tribunales Regionales Electorales estarán compuestos:

1. Mediante elección, por voto secreto:

1. de dos jueces de entre los desembargadores del Tribunal de Justicia;

2. de dos jueces, de entre jueces de derecho, escogidos por el Tribunal de Justicia;

2. de un juez del Tribunal Regional Federal con sede en la Capital del Estado o en el Distrito Federal, o si no hubiese, de juez federal, escogido, en cualquier caso, por el Tribunal Regional Federal respectivo;

3. de dos jueces designados por nominación del Presidente de la República de entre seis abogados de notable saber jurídico e idoneidad moral, propuestos por el Tribunal de Justicia.

2.º El Tribunal Regional Electoral elegirá a su Presidente y Vicepresidente de entre los desembargadores.

Artículo 121. Una ley complementaria dispondrá sobre la organización y competencia de los tribunales, de los jueces de derecho y de las juntas electorales.

1.º Los miembros de los tribunales, los jueces de derecho y los integrantes de las juntas electorales, en el ejercicio de sus funciones y en lo que les fuere aplicable, gozarán de plenas garantías y serán inamovibles.

2.º Los jueces de los tribunales electorales, salvo motivo justificado, servirán dos años, como mínimo, y nunca por más de dos bienios consecutivos, siendo substitutos escogidos en la misma ocasión y por el mismo procedimiento, en número igual para cada categoría.

3.º Son irrecurribles las decisiones del Tribunal Superior Electoral, salvo las que contravengan esta Constitución y las denegatorias de habeas corpus o «mandato de seguranca».

4.º Contra las decisiones de los Tribunales Regionales Electorales solamente cabrá recurso cuando:

1. fueren dictadas contra disposición expresa de esta Constitución o de la ley;
2. si existie contradicción en la interpretación de la ley entre dos o más tribunales electorales;
3. versasen sobre inelegibilidad o expedición de actas en las elecciones federales o estatales;

4. anulasen o decretasen pérdida de mandatos electivos federales o estatales;

5. denegasen habeas corpus, mandato de seguranca, habeas data o mandato de injuncao.

Sección VII. De los Tribunales y Jueces Militares

Artículo 122. Son órganos de la Justicia Militar:

1. El Superior Tribunal Militar;
2. Los Tribunales y Jueces Militares establecidos por ley.

Artículo 123. El Superior Tribunal Militar se compone de quince Ministros, nombrados por el Presidente de la República, después de aprobada la relación por el Senado Federal, siendo tres de ello oficiales generales de la Marina, cuatro oficiales generales del Ejército, tres oficiales generales de Aeronáutica, todos en activo y del grado más elevado de la carrera, y cinco civiles.

Párrafo único. Los ministros Civiles serán escogidos por el Presidente de la República entre brasileños mayores de treinta y cinco años, siendo:

1. tres abogados de notario saber jurídico y conducta intachable, con más de diez años de efectiva actividad profesional.
2. dos, de elección paritaria, entre jueces auditores y miembros del Ministerio Público de la Justicia Militar.

Artículo 124. Es competencia de la Justicia Militar el procesamiento y juicio de los delitos militares definidos en la ley.

Párrafo único. La ley dispondrá sobre la organización, el funcionamiento y la competencia de la Justicia Militar.

Sección VIII. De los Tribunales y Jueces de los Estados

Artículo 125. Los Estados organizarán su justicia, observando los principios establecidos en esta Constitución.

1.° La competencia de los Tribunales será definida en la Constitución del estado, siendo la ley de organización judicial iniciativa del Tribunal de justicia.

2.° Cabe a los Estados la invocación de la inconstitucionalidad de leyes a actos normativos estatales o municipales frente a la Constitución del Estado, prohibiéndose la atribución del legitimación para accionar a un órgano único.

3.° La ley estatal podrá cerrar, mediante propuesta del Tribunal de justicia, la Justicia militar estatal, constituida, en primera instancia, por los consejos de Justicia y, en segundo lugar, por el propio Tribunal de Justicia, o por el Tribunal de justicia Militar en los Estados en que el efectivo de la Policía militar sea superior a veinte mil miembros.

4.° Es competencia de la Justicia Militar estatal procesar y juzgar a los policías militares y bomberos militares en los delitos militares, definidos en la ley, pudiendo el Tribunal competente decidir sobre la pérdida de puesto y de la patente de los oficiales y de la graduación de las plazas.

Artículo 126. Para dirimir conflictos sobre tierras, el Tribunal de Justicia designará jueces de ingreso especial, con competencia exclusiva para cuestiones agrarias.

Párrafo único. Siempre que sea necesario para una eficiente actuación jurisdiccional, el juez hará acto de presencia en el lugar del litigio.

Capítulo IV. De las funciones esenciales de la justicia

Sección I. Del Ministerio Público

Artículo 127. El Ministerio Público es una institución permanente, esencial para la función jurisdiccional del Estado, incumbiéndole la defensa del orden jurídico, del régimen democrático y de los intereses sociales y individuales indisponibles.

1.° Son principios institucionales del Ministerio Público la unidad, la indivisibilidad y la independencia funcional.

2.° El Ministerio Público tiene asegurada autonomía funcional y administrativa, pudiendo observando lo dispuesto en el **Artículo** 169, proponer al Poder Legislativo la creación y extinción de sus cargos y servicios auxiliares, proviéndolos por concursos público de pruebas o de pruebas y títulos; la ley regulará su organización y funcionamiento.

3.° El Ministerio Público elaborará su propuesta presupuestaria dentro de los límites establecidas en la ley de directrices presupuestarias.

Artículo 128. El Ministerio Público incluye:

1. El Ministerio Público de la Unión, que comprende:
1. El Ministerio Público Federal;
2. El Ministerio Público del Trabajo;
3. El Ministerio Público Militar;
4. El Ministerio Público del Distrito Federal y Territorios;
2. Los Ministerios Públicos de los Estados.

1.º El Ministerio Público de la Unión tiene por jefe al Procurador General de la república, nombrado por el Presidente de la república entre los integrantes de la carrera, mayores de treinta y cinco años, después de la aprobación de su nominación por la mayoría absoluta de los miembros del Senado Federal, para un mandato de dos años, permitiéndose una renovación.

2.º La destitución del Procurador General de la República, por iniciativa del Presidente del a República, deberá ser precedida de la autorización de la mayoría absoluta del Senado Federal.

3.º Los Ministerios Públicos de los Estados y del Distrito Federal y Territorios confeccionarán una terna entre integrantes de la carrera, en la forma de la respectiva ley, para la elección de su Procurador General, que será nombrado por el jefe del Poder Ejecutivo, para un mandato de dos años, permitiéndose una renovación.

4.º Los Procuradores Generales en los Estados y en el Distrito Federal y Territorios podrán ser distribuidos, por acuerdo de la mayoría absoluta del Poder Legislativo, en la forma de la ley complementaria respectiva.

5.° Las leyes complementarias de la Unión y de los Estados, cuya iniciativa es titularidad de los respectivos Procuradores Generales, establecerán la organización, las atribuciones y el estatuto de cada Ministerio Público, observando, en relación a sus miembros.

1. Las siguientes garantías:

1. carácter vitalicio, después de dos años de ejercicio, no pudiendo perder el cargo sino por sentencia judicial firme;

2. inamovilidad, salvo por causa de interés publico, mediante decisión del órgano colegiado competente del Ministerio Público, con el voto de dos tercios de sus miembros, asegurándose amplia defensa;

3. irreductibilidad de salarios, observando, en lo concerniente a la remuneración, lo que disponen los **Artículos**. 37, XI, 150, II, 153, III, 153, 2.° , I;

2. Las siguientes prohibiciones:

1. recibir, por cualquier título, y bajo cualquier pretexto, honorarios, porcentajes o costas procesales;

2. ejercer la abogacía;

3. participar en sociedades comerciales, en la forma de la ley;

4. ejercer, incluso en situación de disponibilidad, cualquier otra función pública, salvo en la enseñanza;

5. ejercer actividad política de partidos, salvo las excepciones previstas en la ley;

Artículo 129. Son funciones del Ministerio Público:

1. Promover, privativamente, la acción penal publica, en la forma de la ley;

2. velar por el efectivo respeto de los Poderes Públicos y de los servicios de relevancia pública para los derechos garantizados en esta Constitución, promoviendo las medidas necesarias para su garantía;

3. promover la demanda civil y la acción civil publica, para la protección del patrimonio público y social, del medio ambiente y otros intereses difusos y colectivos;

4. promover la acción de inconstitucionalidad o la petición para la intervención de la Unión y de los Estados, en los casos previstos en esta Constitución;

5. defenderá judicialmente los derechos y los intereses de la población indígena;

6. expedir notificaciones en los procedimientos administrativos de su competencia, solicitando informes y documentos para instruirlos, en la forma de la ley complementaria respectiva;

7. ejercer en control externo de la actividad policial, en la forma de la ley complementaria mencionada en el **Artículo** anterior;

8. requerir diligencias de investigación y la formulación de demanda policial, indicando los fundamentos jurídicos de sus manifestaciones policiales;

9. ejercer otras funciones que le fueran conferidas, en tanto compatibles con su finalidad, estándole prohibida la representación judicial y la asesoría jurídica de entidades públicas.

1.º La legitimación del Ministerio Público para las acciones civiles previstas en este **Artículo** no impide la de terceros en las mismas hipótesis según lo dispuesto en esta Constitución y en la ley.

2.º Las funciones del Ministerio Público solo pueden ser ejercidas por integrantes de la carrera, que deberán residir en la comarca de la respectiva oficina.

3.º El ingreso en la carrera se hará mediante concurso publico de pruebas y títulos, garantizándose la participación de la Orden de los Abogados del Brasil en su realización y, observando en los nombramientos el orden de clasificación.

4.º Se aplica al Ministerio Público, en lo que cupiese, lo dispuesto en el **Artículo** 93, II y IV.

Artículo 130. A los miembros del Ministerio Público ante los Tribunales de Cuentas se los Aplican las disposiciones de esta sección relativas a derechos, prohibiciones y forma de investidura.

Sección II. De la Abogacía General de la Unión

Artículo 131. La Abogacía General de la Unión es la institución que, directamente o a través de un órgano vinculado, representa a la Unión, judicial y extrajudicialmente, siendo competencia suya, en los términos en que la ley complementaria dispusiese sobre su organización y funcionamiento las actividades de consulta y asesoramiento jurídico del Poder Ejecutivo.

1.º La Abogacía General de la Unión tiene por jefe al Abogado General de la Unión, de libre nominación por el Presidente de la República, de dentro ciudadanos mayores de treinta y cinco años, de notable saber jurídico y reputación intachable.

2.º El ingreso en las clases iniciales de las carreras de la institución, de las que trata este articulo se harán mediante concurso público de pruebas y títulos.

3.º En la ejecución de la deuda activa de naturaleza tributaria, la representación de la Unión es competencia de la Procuraduría General de la Hacienda Nacional, observándose lo dispuesto en la ley.

Artículo 132. Los procuradores de los estados y del Distrito Federal ejercerán la representación judicial y la asesoría jurídica de las respectivas unidades federales, organizados en carrera, dependiendo el ingreso de concurso público de pruebas y títulos, observando lo dispuesto en el **Artículo** 135.

Sección III. De la Abogacía y de la Defensa de Oficio

Artículo 133. El abogado es indispensable para la administración de justicia, inviolable por sus actos y manifestaciones en el ejercicio de su profesión, con los límites de la ley.

Artículo 134. La Defensa de Oficio es una institución esencial para la función jurisdiccional del Estado, incumbiéndole la orientación jurídica y la defensa, en todas las instancias, de los necesitados , en la forma del **Artículo** 5, LXXIV.

Párrafo único. Una ley Complementaria organizará la Defensa Pública de la Unión y del Distrito Federal y de los

Territorios y prescribirá normas generales para su organización en los Estados y en cargos de carrera, provistos en la clase inicial, mediante concurso público de pruebas y títulos, asegurando a sus integrantes la garantía de inamovilidad y prohibiéndoseles el ejercicio de la abogacía fuera de las atribuciones institucionales.

Artículo 135. A las carreras disciplinarias en este Título se aplicará el principio del **Artículo** 37, XII, y el **Artículo** 39, 1.º

Título V. De la defensa del Estado y de las instituciones democráticas

Capítulo I. Del Estado de Defensa y del Estado de Sitio

Sección I. Del Estado de Defensa

Artículo 136. El Presidente de la República puede, oídos el Consejo de la república y el Congreso de Defensa Nacional, decretar el estado de defensa para preservar o restablecer en breve tiempo, en lugares concretos y determinados, el orden publico o la paz social amenazadas por una grave y eminente inestabilidad institucional o afectadas por calamidades naturales de grandes proporciones.

1.º El decreto que declarase el estado de defensa determinará el tiempo de su duración, especificará las áreas que serán abarcadas e indicará, en los términos y límites de la ley, las medidas coercitivas en vigor, de entre las siguientes:

1. restricciones a los derechos de:
1. reunión, incluso la ejercida en el seno de las asociaciones;
2. secreto de correspondencia;
3. secreto de comunicación telegráfica y telefónica;
2. ocupación y uso temporal de bienes y servicios públicos, en el supuesto de calamidad publica, respondiendo la Unión por los daños y perjuicios que se ocasionen.

2.º El tiempo de duración del estacional o sucesión de hechos que demuestren la ineficacia de la medida tomada durante el estado de defensa;

3.º Durante la vigencia del estado de defensa:

1. La prisión por delito contra el Estado, decretada por el ejecutor de la medida, será inmediatamente comunicada por éste al juez competente, que la levantará, si no fuese legal, facultando al preso para requerir al examen el cuerpo del delito por la autoridad policial;

2. la comunicación será acompañada de declaración, por la autoridad, del estado físico y mental del detenido en el momento de su actuación;

3. la prisión o detención de cualquier persona no podrá ser superior a diez días, excepto cuando fuese autorizada por el Poder judicial;

4. Decretando el estado de defensa o su prórroga, el Presidente de la República, dentro de veinte y cuatro horas, remitirá el acto, con la respectiva justificación, al Congreso Nacional, que decidirá por mayoría absoluta.

5.º Si el congreso nacional estuviese en período de vacaciones será convocado, extraordinariamente, en el plazo de cinco días.

6.º El Congreso Nacional examinará el decreto en el plazo de diez días, contados desde su recepción, debiendo continuar funcionando en tanto el estado de defensa estuviese en vigor.

7.º Rechazando el decreto, cesa inmediatamente el estado de defensa.

Sección II. Del Estado de Sitio

Artículo 137. El Presidente de la República puede, oídos el Congreso de la República y el Consejo de Defensa Nacional, solicitar al Congreso Nacional autorización para decretar el estado de sitio en los casos de:

1. Conmoción grave de repercusión nacional o sucesión de hechos que demuestren la ineficacia de la medida tomada durante el estado de defensa;
2. Declaración de estado de guerra o respuesta a una agresión armada extranjera.

Párrafo único. El Presidente de la República, al solicitar autorización para decretar el estado de sitio o su prórroga, señalará los motivos determinantes de la solicitud, debiendo el Congreso Nacional por mayoría absoluta.

Artículo 138. El decreto de estado de sitio indicará su duración, las normas necesarias para su ejecución y las garantías constitucionales que quedan suspendidas y, después de publicado, el Presidente de la República designará el ejecutor de las medidas específicas y de las áreas afectadas.

1.° El estado de sitio, en el caso del **Artículo** 137, I, no podrá decretarse por más de treinta días ni prorrogarse, de cada vez, por plazo superior; en el del inciso II, podrá ser decretado por todo el tiempo que perdurase la guerra o la agresión armada extranjera.

2.° Solicitada la autorización para decretar el estado de sitio durante período de vacaciones parlamentarias, el Presidente del Senado Federal, de inmediato, convocará extraordinariamente al Congreso Nacional, para que éste se reúna dentro de cinco días, a fin de examinar el acto.

3.º El Congreso Nacional permanecerá en funcionamiento hasta el término de las medidas coercitivas.

Artículo 139. Durante la vigencia del estado de sitio, decretado en base al **Artículo** 137, I, solo podrán ser tomadas contra las personas las siguientes medidas:

1. obligación de permanencia en una localidad determinada;
2. detención en edificio no destinado a acusados o condenados por delitos comunes;
3. restricciones relativas a la inviolabilidad de la correspondencia, al secreto de las comunicaciones, a la prestación de informaciones y a la libertad de prensa, radiodifusión y televisión, en la forma de la ley;
4. suspensión de la libertad de reunión;
5. búsqueda y detención en domicilio;
6. intervención de las empresas de servicios públicos;
7. requisa de bienes.

Párrafo único. No se incluye en las restricciones del inciso III, la difusión de pronunciamientos de parlamentarios efectuados en sus Cámaras Legislativas, desde el momento en que fueren autorizados por la respectiva Mesa.

Sección III. Disposiciones Generales

Artículo 140. La Mesa del Congreso Nacional, oídos los líderes de los partidos, designará una Comisión compuesta de cinco de sus miembros para acompañar y fiscalizar la ejecución de las medidas relativas al Estado de defensa y al estado de sitio.

Artículo 141. Una vez cesado el estado de defensa o el estado de sitio, cesarán también sus efectos, sin perjuicio de la responsabilidad por actos ilícitos, cometidos por sus ejecutores a agentes.

Párrafo único. Después de que cese el estado de defensa o el estado de sitio, las medidas aplicadas en su vigencia serán relatadas por el Presidente de la República, en mensaje al Congreso Nacional, especificando y justificando las providencias adoptadas, con relación nominal de los afectados e indicación de las restricciones aplicadas.

Sección II. De las Fuerzas Armadas

Artículo 142. Las Fuerzas Armadas, constituidas por la Marina, por el Ejército y por la Fuerza Aérea son instituciones nacionales permanentes y regulares, organizadas con base en la jerarquía y la disciplina, bajo la autoridad suprema del Presidente de la República, y que tienen como misión la defensa de la Patria, la garantía de los poderes constitucionales y, por iniciativa de cualquiera de estos, de la ley y del orden.

1.º Una ley complementaria establecerá las normas generales que serán adoptadas en la organización, preparación y el empleo de las Fuerzas Armadas.

2.º No habrá «habas corpus» en relación a sanciones militares disciplinarias.

Artículo 143. El servicio militar es obligatorio, en los términos de la ley.

1.° Es competencia de las Fuerzas Armadas, en la forma de la ley, establecer un servicio alternativo para aquellos que, en tiempo de paz, después de alistados, alegaren objeción de conciencia, entendiéndose como tal, la derivada de creencia religiosa o convicción filosófica o política, para ser eximido de actividades de carácter esencialmente militar.

2.° Las mujeres y los eclesiásticos están exentos del servicio militar obligatorio en tiempo de paz, sin embargo, están sujetos a otras obligaciones que la ley pueda atribuir.

Sección III. De la Seguridad Pública

Artículo 144. La seguridad pública, deber del Estado, derecho y responsabilidad de todos, se ejerce para garantizar el orden público y la integridad de las personas y patrimonios, a través de los siguientes órganos:

1. policía federal;
2. policía rodoviaria federal;
3. policía ferroviaria federal;
4. policías civiles;
5. policías militares y cuerpos de bomberos militares.

1.° La policía federal, establecida por ley como órgano permanente, estructurado como una carrera, se destina a:

1. averiguar infracciones penales contra el orden público y social o en detrimento de bienes, servicios e intereses de la

Unión o de sus organismos autónomos y empresas públicas, así como otras infracciones cuya práctica tenga repercusión interestatal o internacional y exija una represión unitaria, según disponga la ley;

2. prevenir y reprimir el tráfico ilícito de estupefacientes y drogas afines, en contrabando y a la entrada ilegal de mercancías, sin perjuicio de la actuación de la Hacienda y de otros órganos públicos en las res pectivas áreas de su competencia;

3. ejercer las funciones d policía marítima, de área y de fronteras;

4. ejercer, con exclusividad, las funciones de policía judicial de la Unión.

2.º La policía rodoviaria federal, órgano permanente, estructurado como una carrera, está destinado en la forma de la ley, al patrullaje ostensible de las carreteras federales.

3.º La policía ferroviaria federal, órgano permanente, estructurado como una carrera, está destinada, en la forma de la ley, al patrullaje ostensible de las ferrovías federales.

4.º A los policías civiles, dirigidos por delegados de policía de carrera, incumbe, resenvada la competencia de la Unión, las funciones de policía judicial y la averiguación de las infracciones penales, excepto las militares.

5.º Es competencia de los policías militares, la actividad de policía ostensible y la garantía del orden público; de los cuerpos de bomberos, además de las atribuciones definidas en la ley, es competencia la ejecución de actividades de defensa civil.

6.º Los policías militares y los cuerpos de bomberos militares, las fuerzas auxiliares y la reserva del Ejército, están subordinados, juntamente con los policías civiles, a los Gobernadores de los Estados, del Distrito Federal y de los Territorios.

7.º La ley regulará la organización y funcionamiento de los órganos responsables de la seguridad pública, de forma que se garantice la eficiencia de sus actividades.

8.º Los Municipios podrán establecer guardias municipales, destinadas a la protección de conforme lo dispuesto en la ley.

Título VI. De la tributación y del presupuesto

Capítulo I. Del sistema tributario nacional

Sección I. De los Principios Generales

Artículo 145. La Unión, los estados, el Distrito Federal y los Municipios podrán establecer los siguientes tributos:

1. impuestos;
2. tasas, como consecuencias del ejercicio del poder de policía por la utilización, efectiva o potencial de servicios públicos específicos y divisibles, prestados o puestos a disposición del contribuyente;
3. contribuciones especiales, como consecuencia de obras públicas.

1.° Siempre que fuese posible, los impuestos tendrán carácter personal y se exigirán de acuerdo con la capacidad económica del contribuyente , pudiendo la Administración tributaria, en especial para conferir efectividad a estos objetivos, identificar, respetando los derechos individuales y en los términos de la ley, el patrimonio, los rendimientos y las actividades económicas del contribuyente.

2.° Las tasas no podrán tener como base imponible la propia de los impuestos.

Artículo 146. La ley complementaria puede:

1. Legislar sobre conflictos de competencia en materia tributaria entre la Unión, los Estados, el Distrito Federal y los Municipios;
2. regular las limitaciones constitucionales al poder de tributar;
3. establecer normas generales en materia de legislación tributaria, especialmente sobre:
1. la definición de los tributos y de sus especies, así como, en relación a los impuestos relacionados en esta Constitución, la de sus respectivos hechos imponibles, bases imponibles y contribuyentes;
2. obligación y liquidación, crédito, prescripción y caducidad tributarios;
3. adecuado tratamiento tributario de la actuación cooperativa, realizada por las sociedades cooperativas.

Artículo 147. Son competencia de la Unión, en el Territorio Federal, los impuestos estatales y si el Territorio no estuviese dividido en Municipios, cumulativamente, los impuestos municipales; son competencia del Distrito Federal los impuestos municipales.

Artículo 148. La Unión, mediante ley complementaria, podrá establecer préstamos obligatorios:

1. para atender gastos extraordinarios, derivados de calamidad pública, de guerra exterior o de inminencia de ésta;
2. en el caso de inversión pública de carácter urgente y de relevante interés nacional, observado la dispuesto en el **Artículo** 150, III, b).

Párrafo único. La aplicación de los recursos provenientes de préstamos obligatorios está vinculada al gasto que justificó su establecimiento.

Artículo 149. Es competencia exclusiva de la unión, establecer contribuciones sociales, de intervención el dominio económico y de intereses de las categorías profesionales o económicas, como instrumento de su actuación en las respectivas áreas, observándose lo dispuesto en los artes. 146, II y 150, I y III, y sin perjuicio del lo previsto en le **Artículo** 195, 6.º, en relación a las contribuciones a que alude la disposición.

Párrafo único. Los Estados, el Distrito Federal y los Municipios podrán establecer contribuciones, cobradas a sus servidores, para costear, en beneficio de éstos, sistemas de seguridad y asistencia social.

Sección II. De las limitaciones del Poder de Tributar

Artículo 150. Sin perjuicio de otras garantías aseguradas al contribuyente, está prohibido a la unión, a los Estados, al Distrito Federal y a los Municipios:

1. exigir o aumentar tributos sin ley que los establezca ;
2. dispensar un tratamiento desigual entre contribuyentes que se encontrasen en situación equivalente, prohibiéndose cualquier distinción por razón de ocupación profesional o función por ellos ejercida, independientemente de la denominación jurídica de los rendimientos, títulos o derechos ;
3. cobrar tributos:

1. en base a hechos imponibles ocurridos antes del inicio de la vigencia de la ley que los hubiera establecido o ampliado ;

2. en el mismo ejercicio financiero en que haya sido publicada la ley que los estableció o amplió;

4. utilizar tributos con fines confiscatorios;

5. establecer limitaciones al tráfico de personas o bienes, por medio de tributos interestatales o intermunicipales , exceptuándose el cobro de peaje por utilización de vías conservadas por el Poder Público;

6. establecer impuestos sobre:

7. patrimonio, renta o servicios, unos de otros;

8. templos de cualquier culto;

9. patrimonio, renta o servicios de los partidos políticos, incluyendo sus fundaciones, de los entidades sindicales de los trabajadores, de las instituciones de educación y de asistencia social, sin fines lucrativos, atendiendo a los requisitos de la ley;

10. libros, diarios, periódicos y el papel destinado a su impresión.

1.º la prohibición del inciso III, b), no se aplica a los impuestos previstos en los artes. 153,I, II, IV y V, 154, II.

2.º la prohibición del inciso VI, a) se extiende a los organismos autónomos y a las fundaciones establecidas y mantenidas por el Poder Público, en lo que se refiere al patrimonio, a la renta y a los servicios, vinculados a sus finalidades esenciales o derivadas de ellas.

3.º Las prohibiciones del inciso VI, a), y del párrafo anterior no se aplican al patrimonio, la renta y los servicio, relacionados con la explotación de actividades económicas regidas por normas aplicables a empresas privadas, o en las que haya contraprestación o pago de precios o tarifas por el usuario, ni exonerá al prominente comprador de pagar el impuesto relativo al bien inmueble.

4.º Las prohibiciones expresadas en el inciso IV, líneas b) y c), comprenden solamente el patrimonio, la renta y los servicios, relacionados con las finalidades esenciales de las entidades en ellas mencionadas.

5.º La ley establecerá medidas para que los consumidores sean informados a cerca de los impuestos que incidan en mercancías y servicios.

6.º Cualquier amnistía o remisión que afecte a la materia tributaria o de previsión social o solo podrá concederse a través de ley específica federal, estatal o municipal.

Artículo 151. Está prohibido a la Unión:

1. establecer tributos que no sean uniformes en todo el territorio nacional o que impliquen distinción o preferencia en relación a un Estado, a un Distrito Federal o a un Municipio, en detrimento de otro, admitiéndose la concesión de exenciones fiscales destinadas a promover un desarrollo socioeconómico equilibrado entre las diferentes regiones del país;
2. someter a tributación los rendimientos de las obligaciones de deuda publica de los Estados, del Distrito Federal y de los Municipio, así como la remuneración y ganancias de

los respectivos agentes públicos, en niveles superiores a los que se estableciesen para sus obligaciones y para sus agentes;

3. establecer exenciones sobre tributos de competencia de los Estados, del Distrito Federal o de los Municipios.

Artículo 152. Está prohibido a los Estados, al Distrito Federal, y a los Municipios establecer diferencias tributarias entre bienes y servicios, de cualquier naturaleza, en razón de su procedencia o destino.

Sección III. De los Impuestos de la Unión

Artículo 153. Es competencia de la unión establecer impuestos sobre:

1. importación de productos extranjeros;
2. exportación, al exterior, de productos nacionales o nacionalizados;
3. renta u ganancias de cualquier naturaleza;
4. productos industrializados;
5. operaciones de crédito, cambio y seguro o relativas a títulos o valores mobiliarios;
6. propiedad territorial rural;
7. grandes fortunas, en los términos de una ley complementaria.

1.º Se permite al Poder Ejecutivo, atendidas las condiciones y los límites establecidos en la ley, alterar las alícuotas de los impuestos enumerados en los incisos I, II, IV e V.

2.º El impuesto previsto en el inciso III;

1. estará informado por los principios de generalidad, universalidad y progresividad, en la forma de la ley.

2. no incidirá, en los términos y límites fijados en la ley, sobre rendimientos provenientes de jubilaciones y pensiones, pagados por la previsión social de la Unión, del Distrito Federal y de los Municipios, a personas con edad superior a sesenta y cinco años, cuya renta total esté constituida, exclusivamente, de rendimientos del trabajo.

3.º El impuesto previsto en el inciso IV:

1. será selectivo, en función de la esencialidad del producto;

2. no será acumulativo, compensándose lo que fuese debido en cada operación con el montante cobrado en las anteriores;

3. no incidirán sobre productos industrializados destinados al exterior.

4.º El impuesto previsto en inciso VI tendrá fijadas sus alícuotas de forma que desestimule el mantenimiento de propiedades improductivas y no incidirá sobre las pequeñas propiedades rurales, definidas en la ley, cuando las explote, solo o con su familia, el propietario que no posea otro inmueble.

5.º El oro, cuando esté definido en la ley como activo financiero o instrumento de cambio, estará sujeto, exclusivamente, a la incidencia del impuesto de que trata el inciso V del «caput» de este **Artículo**, debiéndose en la operación de origen a la alícuota mínima será de un uno por ciento, asegurándose la distribución del montante de los recaudado en los siguientes términos:

1. treinta por ciento para el Estado, el Distrito Federal o el Territorio, conforme al origen;
2. setenta por ciento para el Municipio de origen.

Artículo 154. La Unión podrá establecer:

1. mediante ley complementaria, los impuestos no previstos en el **Artículo** anterior, siempre que no sean cumulativos ni tengan hechos imponibles o bases imponibles semejantes a los señalados en esta Constitución ;
2. impuestos extraordinarios, comprendidos o no en su competencia tributaria, ante la inminencia o en el caso de guerra externa, los cuales se suprimirán gradualmente, una vez cesados las causas de su creación.

Sección IV. De los Impuestos de los Estados y del Distrito Federal

Artículo 155. Es competencia de los Estados y del Distrito Federal establecer:

1. impuestos sobre:
1. transmisiones «mortis causa» y donación, de cualesquiera bienes o derechos;
2. operaciones relativas a circulación de mercancías y sobre prestaciones y servicios de transporte interestatal e intermunicipal y de comunicación, incluso cuando las operaciones y las prestaciones se inicien en el exterio r;

3. propiedad de vehículos automotores;

2. un recargo, de hasta el cinco por ciento de lo que fuese pagado a la Unión, por personas físicas o jurídicas domiciliadas en los respectivos territorios, a título de impuesto previsto en el **Artículo** 153, III, que incide sobre lucros y ganancias y rendimientos de capital.

1.º El Impuesto previsto en el inciso I, a):

1. relativo a bienes inmuebles o sus respectivos derechos, compete al Estado de situación del bien, o al Distrito Federal;

2. relativo a bienes muebles, títulos y créditos, compete al Estado donde se verifique el inventario o registro, o tuviere su domicilio el donante, o al Distrito Federal;

3. tendrá regulada la competencia para su establecimiento por ley complementaria;

4. tendrá sus alícuotas máximas fijadas por el Senado Federal.

2.º El impuesto previsto en el inciso I, b), atenderá a lo siguiente:

1. no será acumulativo, compensándose lo que se fuese debido en cada operación relativa a la circulación de mercancías o a la prestación de servicios, con el montante cobrado en las anteriores por el mismo u otro Estado o por el Distrito Federal;

2. la exención o no sujeción, salvo determinación en contra de ley;

1. no otorgará crédito para su compensación con el montante debido en las operaciones o prestaciones siguientes;

2. acareará la anulación del crédito relativo a la operaciones anteriores;

3. podrá ser selectivo, en función del carácter esencial de las mercancías y de los servicios;

4. Una resolución del Senado Federal, de iniciativa del Presidente de la República o de un tercio de los Senadores, aprobada por mayoría absoluta de sus miembros, establecerá las alícuotas aplicables a las operaciones y prestaciones, interestatales y de exportación;

5. El Senado Federal tiene facultad para:

1. establecer alícuotas mínimas en las operaciones internas, mediante resolución, a iniciativa de un tercio y aprobada por la mayoría absoluta de sus miembros;

2. fijar alícuotas máximas en las mismas operaciones, para resolver los conflictos específicos que envuelvan intereses de Estados, mediante resolución, a iniciativa de la mayoría absoluta y aprobada por dos tercios de sus miembros;

6. salvo acuerdo en contra de los Estados y del Distrito Federal en los términos de los dispuesto en el inciso XII, g), las alícuotas internas en las operaciones relativas a la circulación de mercancías y prestación de servicios, no podrán ser inferiores a las previstas para las operaciones interestatales;

7. en relación a las operaciones y prestaciones que destinen bienes y servicios a un consumidor final localizado en otro Estado, se adoptará:

1. la alícuota interestatal cuando el destinatario no fuese contribuyente del impuesto;

2. la alícuota interna, cuando el destinatario no fuese contribuyente de él;

8. en las hipótesis del apartado a) del inciso anterior, cabrá al Estado de localización del destinatario, el impuesto

correspondiente a la diferencia entre la alícuota interna y la interestatal;

9. incidirá también:

1. sobre la entrada de mercancías importadas del exterior, aún cuando se trate de bienes destinados al consumo o al activo fijo de un establecimiento, así como a servicios prestados en el exterior, correspondiendo el impuesto al Esta do donde estuviese situado el establecimiento destinatario de la mercancía o del servicio;

2. sobre el valor total de la operación, cuando las mercancías fuesen suministradas con servicios no comprendidos en la competencia tributaria de los Municipios; X no incidirá:

1. sobre operaciones que destinen al exterior productos industrializados, excluidos los semielaborados, definidos en ley complementaria;

2. sobre operaciones que destinen a otros Estados petróleo, inclusive lubricantes, combustibles líquidos y gaseoso de ellos derivados, y energía eléctrica;

3. sobre el soro, en las hipótesis definidas en el **Artículo** 153, 5.º;

10. no comprenderán, e su base imponible, el montante del impuesto sobre productos industrializados, cuando la operación, realizada entre contribuyentes y relativa al producto destinado a industrialización o comercialización, c onfigure hecho imponible de los dos impuestos;

11. Compete a la ley complementaria:

1. definir sus contribuyentes;

2. disponer sobre la sustitución tributaria;

3. regular el régimen de compensación del impuesto;

4. fijar, a efectos de cobro y definición del establecimiento responsable el local de las operaciones relativas a la circulación de mercancías de las prestaciones de servicios;

5. excluir de la incidencia del impuesto, en las exportaciones al exterior, servicios y otros productos además de los mencionados en el inciso X, a).

6. prever casos de conservación del crédito, en relación a envíos a otro Estado y Exportación para el exterior, de servicios y mercancías;

7. regular la forma como se concederán y revocarán, por acuerdo del Estado y del Distrito Federal, exenciones, incentivos y beneficios fiscales.

3.º A excepción de los impuestos de que tratan el inciso I, b), del «caput» de este **Artículo** y los **Artículos** 153, I, II, y 156, III, ningún otro tributo incidirá sobre operaciones relativas a energía eléctrica, combustible, líquidos y gaseosos, lubricantes y minerales del País.

Sección V. De los Impuestos de los Municipios

Artículo 156. Es competencia de los Municipios establecer impuestos sobre:

1. propiedad predial y territorial urbana;
2. transmisión «inter vivos», por cualquier título, por acto oneroso, de bienes inmuebles, por naturaleza o acción física, y de derechos reales sobre inmuebles, excepto los de garantía, así como la cesión de derechos o su adquisición.
3. ventas al por menor de combustibles líquidos y gaseosos, excepto gasóleo;
4. servicios de cualquier naturaleza, no comprendidos en el **Artículo** 155, I, b), definidos en ley complementaria.

1.º El impuesto previsto en el inciso I podrá ser progresivo, en los términos de la ley municipal, de forma que se asegure el cumplimiento de la función social de la propiedad.

2.º El impuesto previsto en el inciso II:

1. no incide sobre transmisiones de bienes o derechos incorporados al patrimonio de personas jurídicas en realización del capital, ni sobre la cesión o extinción de personas jurídicas en realización del capital, ni sobre la transmisión de bienes y derechos como consecuencia de fusión, incorporación, cesión o extinción de persona jurídica, excepto si, en estos casos, la actividad preponderante del adquirente fuese la compr a y venta de estos bienes o derechos, locación de bienes inmuebles o arrendamiento mercantil.
2. Es competencia del Municipio de situación del bien.

3.º El impuesto previsto en el inciso III no excluye la incidencia del impuesto estatal previsto en el **Artículo** 155, I, b), sobre la misma operación.

4.º Corresponde a la ley complementaria:

1. fijar las alícuotas máximas de los impuestos previstos en los incisos III y IV;
2. excluir de la incidencia del impuesto previsto en el inciso IV las exportaciones de servicios para el exterior.

Sección VI. Del Reparto de los Ingresos Tributarios
Artículo 157. Pertenecen a los Estados y al Distrito Federal:

1. el producto de la recaudación de impuesto de la Unión sobre rentas y ganancias de cualquier naturaleza, que incida en la fuente, sobre rendimientos pagados, en cualquier concepto, por ellos, sus organismos autónomos y por las fund aciones que estableciese o mantuviesen;
2. Veinte por ciento del producto del impuesto que la Unión estableciese en el ejercicio de la competencia que la resulta atribuida por el **Artículo** 154, I.

Artículo 158. Pertenecen a los Municipios:

1. el producto de la recaudación del impuesto de la Unión sobre rentas y ganancias de cualquier naturaleza, que incidan en la fuente, sobre rendimientos pagados, en cualquier concepto, por ellos, sus organismos autónomos y por las fu ndaciones que estableciesen o mantuviesen;
2. cincuenta por ciento del producto de la recaudación del impuesto de la Unión sobre la propiedad territorial rural, relativos a los inmuebles situados en ellos;
3. cincuenta por ciento del producto de la recaudación del impuesto de Estado sobre la propiedad de vehículos automotores licenciados en sus territorios;
4. veinticinco por ciento del producto de la recaudación del impuesto del Estado sobre operaciones relativas a la circulación de mercancías y sobre prestaciones de servicios de transporte interestatal e intermunicipal y de comunicaci ón.

Párrafo único. Las participaciones de los Municipios, en los ingresos, mencionadas en el inciso IV, serán abonadas conforme a los siguientes criterios:

1. tres cuartos, como mínimo, en la proporción del valor añadido en las operaciones relativas a la circulación de mercancías y en las prestaciones de servicios, realizadas en sus territorios;

2. hasta un cuarto, de acuerdo con lo que dispusiese la ley estatal o, en el caso de los Territorios, la ley federal.

Artículo 159. La Unión entregará:

1. del producto de la recaudación de los impuestos sobre la renta y ganancias de cualquier naturaleza y sobre productos industrializados, un cuarenta y siete por ciento en la siguiente forma:

1. veintiún enteros y cinco décimas por ciento al Fondo de Participación de los Estados y del Distrito Federal;

2. veintidós enteros y cinco décimas por ciento al Fondo de Participación de los Municipios;

3. tres por ciento, para aplicación en programas de financiación al sector productivo de las Regiones Norte, Noreste y Centro-Oeste, a través de sus instituciones financieras de carácter regional, de acuerdo con los plan es regionales de desarrollo, quedando garantizada al semi-árido del Nordeste la mitad de los recursos destinados a la Región, en la forma que la ley establezca;

2. del producto de la recaudación del impuesto sobre productos industrializados, diez por ciento a los Estados y al Distrito Federal, en proporción al valor de las respectivas exportaciones del productos industrializados.

1.° a efectos de calcular la entrega a efectuar de acuerdo con lo provisto en el inciso I, se excluirá la parte de la recaudación del impuesto de renta y ganancias de cualquier naturaleza perteneciente a los Estados, al Distrito Federal y a los Municipios, en los términos de los dispuesto en los Arts. 157, I, y 158, I.

2.º no podrá destinarse a ninguna unidad federada una parte superior al veinte por ciento del montante al que se refiere el inciso II, debiendo ser distribuido el eventual excedente entre los demás participantes, manteniendo, en relación a estos, el criterio de distribución en el establecido.

3.º los Estados entregarán a los respectivos municipios el veinticinco por ciento de los recursos que recibiesen en los términos del inciso II, observándose los criterios establecidos en el **Artículo** 158, párrafo único, I y II.

Artículo 160. Está prohibida la retención cualquier restricción a la entrega y al empleo de los recursos atribuidos en esta sección, a los Estados, al Distrito Federal y a los Municipios incluidos los recargos y aumentos relativos a los impuestos.

Párrafo único. Esta prohibición no impide a la Unión condicionar la entrega de recursos al pago de sus créditos.

Artículo 161. Corresponde a la ley complementaria:

1. definir el valor adicional para fines de lo dispuesto en el **Artículo** 158, párrafo único, I;
2. establecer normas sobre la entrega de los recursos de que trata el **Artículo** 159, especialmente sobre los criterios de reparto de los fondos previstos en si inciso I, teniendo como

objetivo promover el equilibrio socio-económico entre Estados y entre Municipios;

3. regular la participación de los beneficiarios, en el cálculo de las cuotas referentes a los fondos de participación a que alude el inciso II.

Artículo 162. La Unión, los Estados, el Distrito Federal y los Municipios publicarán hasta el último día del mes siguiente de la recaudación, los montantes de cada uno de los tributos recaudados, las cuantías de carácter tributario entregadas o por entregar y la expresión numérica de los criterios de reparto.

Párrafo único. Los datos divulgados por la Unión serán clasificados por Estado y por Municipio; los de los Estados, por Municipio.

Capítulo II. De las finanzas públicas

Sección I. Normas Generales

Artículo 163. Una ley complementaria regulará:

1. las finanzas públicas;
2. la deuda externa e interna, incluida la de los organismos autónomos, fundaciones y demás entidades controladas por el Poder Público;
3. concesión de garantías por las entidades públicas;
4. emisión y rescate de títulos de deuda pública;
5. fiscalización de las instituciones financieras;

6. operaciones de cambio realizadas por órganos y entidades de la Unión, de los Estados, del Distrito Federal y de los Municipios;
7. la compatibilización de las funciones de las instituciones oficiales de crédito de la Unión, salvaguardando las características y condiciones operacionales plenas de las orientadas al desarrollo regional.

Artículo 164. La competencia de la Unión para emitir moneda será ejercida exclusivamente por el Banco Central.

1.º Está prohibido al Banco Central conceder, directa o indirectamente, préstamos al Tesoro Nacional y a cualquier órgano o entidad que no sea una institución.

2.º El Banco Central podrá comprar y vender títulos de emisión del Tesoro Nacional, con el objetivo de regular la oferta monetaria o el tipo de interés.

3.º Las disponibilidades de la Caja de la Unión serán depositadas en el Banco Central; las de los Estados, del Distrito Federal, de los Municipios y de los órganos o entidades del Poder Público y de las empresas por él controladas, en instituciones financieras oficiales, con excepción de los casos previstos en la ley.

Sección II. De los Presupuestos

Artículo 165. Leyes de iniciativa del Poder Ejecutivo establecerán:

1. en plan plurianual;
2. las directrices presupuestarios;

3. los presupuestos anuales.

1.º La ley que instituya el plan plurianual establecerá, de forma regionalizada, unas directrices, objetivos y metas de la administración pública federal para los gastos de capital, y otras para los corrientes y para los relativos a los programas de duración continuada.

2.º La Ley de directrices presupuestarias incluirá las metas y prioridades de la administración pública federal, incluyendo los gastos de capital para el ejercicio siguiente, orientará la elaboración de la ley presupuestaria anual, dispondrá sobre las modificaciones en la legislación tributaria y establecerá la políticas de actuación de las agencias financieras oficiales de fomento.

3.º El Poder Ejecutivo publicará, hasta treinta días después al cierre de cada bimestre, un informe resumido de la ejecución presupuestaria.

4.º Los planes y programas nacionales, regionales y sectoriales previstos en esta Constitución serán elaborados en consonancia con el plan plurianual y examinados por el Congreso Nacional.

5.º La ley presupuestaria anual comprenderá:

1. El presupuesto fiscal referente a los poderes de la Unión, sus fondos, órganos y entidades de la administración directa e indirecta, incluidas las fundaciones y instituidas y mantenidas por el Poder Público;

2. el presupuesto de inversiones de las empresas en que la unión, directa o indirectamente, detente la mayoría del capital social con derecho a voto;

3. el presupuesto de la seguridad social, incluyendo todas las entidades y órganos a ella vinculados, de la administración directa o indirecta, así como los fondos y fundaciones instituidas y mantenidas por el Poder Público.

6.° El proyecto de ley presupuestaria irá acompañado de un informe regionalizado del efecto, sobre ingresos y gastos, de exenciones, amnistías, condonaciones, subsidios y beneficios de naturaleza financiera, tributaria y crediticia.

7.° Los presupuestos previstos en el

5.° , I y II, de este **Artículo**, compatibilizados con el plan plurianual, tendrán entre sus funciones las de reducir desigualdades interregionales, según criterios de población.

8.° La ley presupuestaria anual no contendrá disposiciones diferentes a la previsión de ingresos y a la fijación de gastos , no incluyéndose en esta prohibición la autorización para abrir créditos suplementarios y la contratación de operaciones de crédito, aunque sea por anticipación de ingresos, en los términos de la ley.

9.° Corresponde a la ley complementaria:

1. disponer sobre el ejercicio financiero, la vigencia, los plazos, la elaboración y la organización del plan plurianual, de la ley de directrices presupuestarias y de la ley presupuestaria anual;

2. establecer normas de gestión financiera y patrimonial de la administración directa e indirecta, así como condiciones para el establecimiento y funcionamiento de fondos.

Artículo 166. Los proyectos de ley relativos al plan plurianual, a las directrices presupuestarias, al presupuesto anual y a los créditos adicionales serán discutidos por las dos Cámaras del Congreso Nacional, en la forma reglamentaria.

1.° Corresponderá a una Comisión Mixta permanente de Senadores y Diputados:

1. examinar y emitir opinión sobre los proyectos relacionados en este **Artículo** y sobre las cuentas presentas anualmente por el Presidente de la república;
2. examinar y emitir opinión sobre los planes y programas nacionales, regionales y sectoriales en esta Constitución y ejercer la participación y la fiscalización presupuestaria, sin perjuicio de la actuación de las demás comisiones del Congreso Nacional y de sus Cámaras, creadas de acuerdo con el **Artículo** 58.

2.° Las enmiendas se presentarán en la Comisión Mixta, que emitirá opinión sobre ellas, y serán discutidas, en la forma reglamentaria, por el pleno de las dos Cámaras del Congreso Nacional.

3.° Las enmiendas al proyecto de ley del presupuesto anual o a los proyectos que la modifiquen solamente podrán ser aprobados en caso de que:

1. sean compatibles con el plan plurianual y con la ley de directrices presupuestarias;

2. indiquen los recursos necesarios, admitiéndose solo los provenientes de anulación de gastos, excluyéndose los que indican sobre:

1. dotaciones para personal y sus cargos;

2. servicios de deuda;

3. transferencias tributarias constitucionales para Estados, Municipios y Distrito Federal; o

3. estén relacionadas:

1. con correcciones de errores u omisiones, o

2. con los dispositivos del texto del proyecto de ley.

4.º Las enmiendas al proyecto de ley de directrices presupuestarias no podrán ser aprobadas cuando fueran incompatibles con el plan plurianual.

5.º El Presidente de la República podrá remitir informe al Congreso Nacional para proponer la modificación en los proyectos a que se refiere este **Artículo** mientras no se iniciase la votación, en la Comisión Mixta, de la parte cuya alteración se propone.

6.º Los proyectos de ley del plan plurianual, de las directrices presupuestarias y del presupuesto anual serán enviados por Presidente de la República al Congreso Nacional, en los Términos de la ley complementaria a que se refiere el **Artículo** 165,

7.º Se aplican a los proyectos mencionados en este **Artículo,** en lo que no se opongan a lo dispuesto en esta sección, las demás normas relativas al proceso legislativo.

8.º Los recursos que, como consecuencia de veto, enmienda o desaprobación del proyecto de ley presupuestaria anual quedasen sin gastos correspondientes podrán ser utilizados, en su caso, mediante créditos especiales o suplementarios, con previa y específica autorización legislativa.

Artículo 167. Están prohibidos:

1. El inicio de programas o proyectos no incluidos en la ley presupuestaria anual;
2. la realización de gastos o la asunción de obligaciones directas que excedan de los créditos presupuestarios o adicionales;
3. la realización de operaciones de crédito que excedan del montante de los gastos de capital, excepto las autorizadas mediante créditos suplementarios o especiales con finalidad específica, aprobados por el Poder legislativo por mayoría absoluta;
4. la vinculación de ingresos de los impuestos a un órgano, fondo o gasto, excepto la atribución del producto de la recaudación de los impuestos a que se refieren los **Artículos** 158 y 159, la aplicación de recurso s para el mantenimiento y desarrollo de la enseñanza, como señala el **Artículo** 212, y la prestación de garantía a las operaciones de crédito por anticipación de gastos, previstas en el **Artículo** 165, 8 o.;
5. la apertura de créditos suplementarios o especiales sin previa autorización legislativa y sin indicación de los recursos correspondientes;
6. la transposición, la reasignación o la transferencia de recursos de una categoría de programación para otra o de un órgano para otro, sin previa autorización legislativa;

7. la concesión o utilización de créditos ilimitados;
8. la utilización, sin autorización legislativa específica, de recursos de los presupuestos fiscal y de la seguridad social para suplir necesidades o cubrir déficit de empresas, fundaciones y fondos, inclusive los mencionados en el **Artículo** 165, 5.º;
9. la institución de fondos de cualquier naturaleza, sin previa autorización legislativa.

1.º Ninguna inversión cuya ejecución exceda de un ejercicio financiero podrá ser iniciada sin la previa inclusión en el plan plurianual, o sin una ley que autorice la inclusión, bajo pena de delito de responsabilidad.

2.º Los créditos especiales y extraordinarios tendrán vigencia en el ejercicio financiero para los que fueron autorizados, salvo si el acto de autorización fuese dictado en los últimos cuatro meses de aquel ejercicio, en cuyo caso, reabiertos los límites de su saldo, serán incorporados al presupuesto del ejercicio siguiente.

3.º La apertura de un crédito extraordinario solamente será admitida para atender a gastos imprevisibles y urgentes, como los derivados, de guerra, conmoción interna o calamidad pública, observando lo dispuesto en el **Artículo** 62.

Artículo 168. Los recursos correspondientes a las dotaciones presupuestarias, incluidos los créditos suplementarios y especiales, destinados a los órganos de los Poderes Legislativo y Judicial y del Ministerio Público, les serán entregados hasta el día 20 de cada mes, en la forma de la ley complementaria a que se refiere el **Artículo** 165, 9.º

Artículo 169. El gasto de personal activo e inactivo de la Unión, de los estados, del Distrito Federal y de los Municipios no podrá exceder los límites establecidos en ley complementaria.

Párrafo único. La concesión de cualquier ventaja o aumento de remuneración, la creación de cargos o la alteración de la estructura de las carreras, así como la admisión de personal, por cualquier título, por órganos y entidades de la administración directa o indirecta, incluidas las fundaciones instituidas y mantenidas por el Poder Público, solo podrán ser hechas:

1. si hubiese previa dotación presupuestaria suficiente para atender los proyectos de gastos de personal y los incrementos de ellos derivados;
2. si hubiese autorización específica en la ley de directrices presupuestarias, exceptándose las empresas públicas y las sociedades de economía mixta.

Título VII. Del orden económico y financiero

Capítulo I. De los principios generales de la actividad económica

Artículo 170. El orden económico, fundado en la valoración del trabajo humano y en la libre iniciativa, tiene por fin asegurar a todos una existencia digna, de acuerdo con los dictados de la Justicia Social, observando los siguientes principios:

1. soberanía nacional;
2. propiedad privada ;
3. función social de la propiedad;
4. libre concurrencia;
5. defensa del consumidor;
6. defensa del medio ambiente;
7. reducción de las desigualdades regionales y sociales;
8. busca del pleno empleo;
9. tratamiento favorable para las empresas brasileñas de capital nacional de pequeño porte.

Párrafo único. Se asegura a todos el libre ejercicio de cualquier actividad económica, con independencia de autorización de órganos públicos, salvo en los casos previstos en la ley.

Artículo 171. Será considerada:

1. empresa brasileña la constituida bajo las leyes brasileñas y que tenga su sede y administración en el País;

2. empresa brasileña de capital nacional aquella cuyo control efectivo encuentra con carácter permanente bajo titularidad directa o indirecta de personas físicas domiciliadas y residentes en el país o de entidades de derecho p úblico interno, entendiéndose por control efectivo de la empresa la titularidad de la mayoría de su capital con votante y el ejercicio, de hecho y de derecho, del poder decisorio para regir sus actividades.

1.º La ley podrá, en relación a la empresa brasileña de capital nacional:

1. conceder protección y beneficios especiales temporales para desenvolver actividades consideradas estratégicas para la defensa nacional o imprescindibles para el desenvolvimiento del País;

2. establecer, siempre que un sector fuese considerado imprescindible para el desarrollo tecnológico nacional, entre otras condiciones y requisitos:

1. la exigencia de que el control referido en el inciso II del «caput» se extienda a las actividades tecnológicas de la empresa, entendiendo como tales el ejercicio, de hecho o de derecho, del poder decisorio para desarrollar o incorporar tecnología ;

2. los porcentajes de participación, en el capital, de personas físicas domiciliadas y residentes en el País o de entidades de derecho publico interno.

2.º En la adquisición de bienes y servicios, el poder público dará tratamiento preferencial, en los términos de la ley, a la empresa brasileña de capital nacional.

Artículo 172. La ley disciplinará, con base en el interés nacional, las inversiones de capital extranjero, incentivará las reinversiones y regulará la repatriación de beneficios.

Artículo 173. Exceptuados los casos previstos en esta Constitución, la explotación directa de actividades económicas por el Estado solo será permitida cuando sea necesaria por imperativos de seguridad nacional o de interés colectivo relevante, conforme a la definición de la ley.

1.º La empresa pública, la sociedad de economía mixta y otras entidades que exploten actividades económicas están sujetas al régimen jurídico propio de las empresas privadas, incluso en lo relativo a las obligaciones laborales y tributarias.

2.º Las empresas públicas y las sociedad de economía mixta no podrán gozar de privilegios fiscales no aplicables a las del sector privado.

3.º La ley regulará las relaciones de la empresa pública con el Estado y la Sociedad.

4.º La ley reprimirá el abuso de poder económico que tienda a la dominación de los mercados, a la eliminación de la concurrencia y el aumento arbitrario de los beneficios.

5.º La ley, sin perjuicio de la responsabilidad individual de los directivos de la persona jurídica, establecerá la responsabilidad de ésta, sujetándola a las sanciones compatibles con su naturaleza, en los actos practicados contra el orden económico y financiero y contra la economía popular.

Artículo 174. Como agente normativo y regular de la actividad económica, el Estado ejercerá, en la forma de la ley, las funciones de fiscalización, incentivación y planificación, siendo esta determinante para el poder público e indicativa para el privado.

1.º La ley establecerá las directrices y las bases de planificación de un desarrollo nacional equilibrado, el cual incorporará y compatibilizará los planes nacionales y regionales de desarrollo .

2.º La ley apoyará y estimulará el cooperativismo y otras formas asociativas.

3.º El estado favorecerá la organización de la búsqueda de minerales preciosos en cooperativas, teniendo en cuenta la protección del medio ambiente y la promoción económico social de los buscadores.

4.º Las cooperativas a las que se refiere el párrafo anterior tendrán prioridad en la autorización o concesión para investigación y extracción de los recursos y yacimientos de minerales extraíbles, en las áreas donde estén actuando, y en aquellas fijadas de acuerdo con el **Artículo** 21, XXXV, en la forma de ley.

Artículo 175. Incumbe al poder público, en la forma de la Ley, directamente o bajo el régimen de concesión o licencia, siempre a través de licitación, la prestación de servicios públicos.

Párrafo único. La ley dispondrá sobre:

1. Régimen de las empresas concesionarias y licenciaturas de servicios públicos, el carácter especial de su contrato y de su prórroga, así como las condiciones de caducidad, fiscalización y rescisión de l a concesión o permiso;
2. los derechos de los usuarios;
3. la política de tarifas;
4. la obligación de mantener servicios adecuados.

Artículo 176. Los yacimientos en extracción o no, los demás recursos minerales y el potencial de energía hidráulica constituyen propiedad distinta de la del suelo, a afectos de explotación o aprovechamiento, y pertenecen a la Unión, garantizándose al concesionario la propiedad del producto de la extracción.

1.° La extracción de recursos minerales y el aprovechamiento de los potenciales a que se sus bienes, servicios e instalación podrán ser efectuados mediante autorización o concesión de la Unión, en el interés nacional, en la forma de la ley, que establecerá las condiciones específicas cuando esas actividades se desenvolvieran en zona fronteriza o tierras indígenas.

2.º Se asegura la participación del propietario del suelo en los resultados de la extracción, en la forma y valor que disponga la ley.

3.º La autorización para búsquedas será siempre por plazo determinado, y las autorizaciones y concesiones previstas en este **Artículo** no podrán ser cedidas o transferidas, total o parcialmente, sin previa anuencia del poder concedente.

4.º No dependerá de autorización o concesión el aprovechamiento del potencial de energía renovable de capacidad reducida.

Artículo 177. Constituyen monopolio de la Unión:

1. la búsqueda y extracción de yacimientos de petróleo y gas natural y otros hidrocarburos fluidos;
2. el refinamiento de petróleo nacional o extranjero;
3. la importación y exportación de los productos y derivados básicos resultantes de las actividades previstas en los incisos anteriores;
4. El transporte marítimo del petróleo bruto de origen nacional o de los derivados básicos del petróleo producidos en el País, así como el transporte, a través de conductos, de petróleo bruto, sus d erivados y gas natural de cualquier origen;
5. la investigación, la extracción, el enriquecimiento, el reprocesamiento, la industrialización y el comercio de metales y minerales nucleares a y sus derivados.

1.º El monopolio previsto en este **Artículo** incluye los riesgos y resultados derivados de las actividades en él mencionadas, estando prohibida a la Unión la cesión o concesión de cualquier tipo de participación, en especie o en valor, en la explotación de yacimientos de petróleo o gas natural, excepto lo dispuesto en el **Artículo** 20, 1.º

2.º La ley dispondrá sobre el transporte y el uso de materiales radiactivos en el territorio nacional.

Artículo 178. La ley regulará:

1. la ordenación de los transportes aéreo, marítimo y terrestres;
2. el predominio de los armadores nacionales y navíos de bandera y registros brasileños y de los países exportadores o importadores;
3. el transporte de graneles;
4. el uso de embarcaciones de pesca y otras.

1.º La ordenación del transporte internacional cumplirá los acuerdos firmados por la Unión, atendiendo al principio de reciprocidad.

2.º Serán brasileños los armadores, los propietarios, los comandantes y dos tercios, por lo menos, de los tripulantes de embarcaciones nacionales.

3.º La navegación de cabotaje y la interior serán privativas de embarcaciones nacionales, salvo en el caso de necesidad pública, según lo dispusiese la ley.

Artículo 179. La Unión, los Estados, el Distrito Federal y los Municipios dispersarán a las microempresas y a las empresas de pequeñas dimensiones, definidas como tales en la ley, tratamiento jurídico diferenciado, tendiendo a incentivarlas mediante la simplificación de sus obligaciones administrativas, tributarias, de Seguridad Social y crediticias, o la eliminación o reducción de éstas por medio de ley.

Artículo 180. La Unión, los Estados, el Distrito Federal y los Municipios promoverán e incentivarán el turismo como factor de desarrollo social y económico.

Artículo 181. Dependerá de autorización del Poder competente la atención de las solicitudes de documentación o información de naturaleza comercial, hechas por autoridad administrativa o judicial extranjera, a persona física o jurídica residente o domiciliada en el País.

Capítulo II. De la política urbanística

Artículo 182. La política de desarrollo urbanístico, ejecutada por el Poder Público Municipal, de acuerdo con las directrices generales fijadas en la ley, tiene por objeto ordenar el pleno desarrollo de las funciones sociales de la ciudad y garantizar el bienestar de sus habitantes.

1.º El plan director, aprobado por la Cámara Municipal, obligatorio para ciudades con más de veinte mil habitantes, es el instrumento básico de la política de desarrollo y de expansión urbana.

2.º La propiedad urbana cumple su función social cuando atiende las exigencias fundamentales de ordenación de la ciudad expresadas en el plan director.

3.º Las expropiaciones de inmuebles urbanos serán hechas con previa y justa indemnización en dinero.

4.º Se permite al poder público municipal, mediante ley específica para el área incluida en el plan director, exigir, en los términos de la ley federal, del propietario de suelo urbano no edificado, infrautilizado o no utilizado que promueva su adecuado aprovechamiento, bajo pena de, sucesivamente:

1. parcelamiento o edificación obligatorias;
2. impuesto sobre la propiedad rural y territorial urbana progresivo en el tiempo;
3. expropiación con pago mediante títulos de deuda pública de emisión previamente aprobada por el Senado Federal, con plazo de rescate de hasta diez años, en plazos anuales, iguales o sucesivos, asegurando el valor real de la indemnización y los intereses legales.

Artículo 183. Aquellos que posean como suya un área urbana de hasta doscientos cincuenta metros cuadrados, por cinco años, ininterrumpidos y sin oposición, usando la como su morada o la de su familia, adquieren el dominio, siempre que no sean propietarios de otro inmueble urbano o rural.

1.º El título de dominio y la concesión de uso serán conferidos al hombre o a la mujer, o a ambos, con independencia del estado civil.

2.º Ese derecho no serán reconocido al mismo poseedor más de una vez.

3.º Los inmuebles públicos no se adquirirán por usurpación.

Capítulo III. De la política agrícola y territorial y de la Reforma agraria

Artículo 184. Es competencia de la Unión expropiar por interés social, para fines de Reforma agraria, el inmueble rural que no está cumpliendo su función social, mediante previa y justa indemnización en títulos de deuda agraria, con cláusula de preservación del valor real, rescatables en el plazo de hasta veinte años, a partir del segundo año de su emisión, y cuya utilización será definida en la ley.

1.º Las mejoras útiles y necesarias serán indemnizadas en dinero.

2.º El Decreto que declarase el inmueble como de interés social, para fines de Reforma agraria, autoriza a la Unión a proponer la acción de expropiación.

3.º Corresponde a una ley complementaria establecer un procedimiento contradictorio especial, de carácter sumario, para el proceso judicial de expropiación.

4.º El presupuesto fijará anualmente el volumen total de títulos de deuda agraria, así como el montante de recursos para atender a los programas de Reforma agraria en ejercicio.

5.º Están exentas de impuestos federales, estatales y municipales las operaciones de transmisión de inmuebles expropiados para fines de Reforma agraria.

Artículo 185. No son susceptibles de expropiación para fines de Reforma agraria:

1. la pequeña y media propiedad rural, así definida en ley, siempre que su propietario no posea otra;
2. la propiedad productiva.

Párrafo único. La ley garantizará tratamiento especial a la propiedad productiva y fijará normas para el cumplimiento de los requisitos relativos a su función social.

Artículo 186. La función social se cumple cuando la propiedad rural atiende, simultáneamente, según los criterio y los grados de exigencia establecidos en la ley, a los siguientes requisitos:

1. aprovechamiento racional y adecuado;
2. utilización adecuada de los recursos naturales disponibles y preservación del medio ambiente;
3. observación de las disposiciones que regulan las relaciones de trabajo;
4. explotación que favorezca el bienestar de los propietarios y de los trabajadores.

Artículo 187. La política agrícola será planificada y ejecutada en la forma de la ley, con la participación efectiva del sector de producción, incluyendo productores y trabajadores legales, así como de los sectores de comercialización, almacenamiento y transportes, teniendo en cuenta especialmente:

1. los instrumentos crediticios y fiscales;
2. los precios compatibles con costos de producción y garantía de comercialización;
3. el incentivo a la investigación y a la tecnología;
4. la existencia técnica y la extensión rural;
5. el seguro agrícola;
6. el cooperativismo;
7. la electrificación rural y la irrigación;
8. la vivienda para el trabajador rural.

1.° La planificación agrícola incluye las actividades agroindustriales, agropecuarias, pesqueras y forestales.

2.° Se compatibilizarán las acciones de política agrícola y de Reforma agraria.

Artículo 188. El destino de las tierras publicas y abandonadas se compatibilizará con la política agrícola y con el plan nacional de Reforma agraria.

1.° La enajenación o la concesión, por cualquier título, de tierras publicas con un superficie superior a dos mil quinientas hectáreas a persona física o jurídica, aún a través de persona interpuesta, dependerá de la previa aprobación del Congreso Nacional.

2.° Se exceptúa de lo dispuesto en el párrafo anterior las enajenaciones y las concesiones de tierras publicas para fines de Reforma agraria.

Artículo 189. Los beneficiarios de la distribución de inmuebles rurales por la Reforma agraria recibirán los títulos de dominio o de concesión de uso, sin posibilidad de negociarlos en el plazo de diez años.

Párrafo único. El título de dominio y la concesión del uso serán al hombre o a la mujer, o a ambos, independientemente del estado civil, en los términos y condiciones previstos en ley.

Artículo 190. La ley regulará y limitará la adquisición o el arrendamiento de propiedades rurales por persona física o jurídica extranjera y establecerá los casos que dependerán de autorización del Congreso Nacional.

Artículo 191. Aquel que, no siendo propietario de inmueble rural o urbano, posea como suyo, por cinco años no interrumpidos, sin oposición, una superficie de tierra, en zona rural, no superior a cincuenta hectáreas, que haya puesto a producir con su trabajo o el de su familia, teniendo en ella su vivienda, adquirirá la propiedad.

Párrafo único. Los inmuebles públicos no se adquirirán por usurpación.

Capítulo IV. Del sistema financiero nacional

Artículo 192. El sistema financiero nacional, estructurado de manera que promueva el desarrollo equilibrado del País y sirva los intereses de la colectividad, estará regulado en ley complementaria, que dispondrá, incluso, sobre:

1. La autorización para el funcionamiento de las instituciones financieras, asegurando a las instituciones del mercado financiero bancario, estando prohibida a esas instituciones la participación en actividades no previstas en la autorización de que trata este inciso;
2. La autorización y el funcionamiento de las entidades de seguro, previsión y capitalización, así como del órgano fiscalizador y del órgano oficial reasegurador;
3. las condiciones para la participación del capital extranjero en las instituciones a que se refieren los incisos anteriores, teniendo en cuenta, especialmente:
   1. los intereses nacionales;
   2. los acuerdos internacionales;
4. la organización, funcionamiento y atribuciones del banco central y demás instituciones financieras publicas y privadas;
5. los requisitos para la designación de miembros del Consejo de Administración del banco central y demás instituciones financieras, así como sus incompatibilidades después del ejercicio del cargo;
6. la creación de un fondo o seguro, con el objetivo de proteger la economía popular, garantizando créditos, apli-

caciones y depósitos hasta determinado valor prohibiéndose la participación de recursos de la unión ;

7. los criterios restrictivos de transferencia de ahorro de regiones con renta inferior a la media nacional o otras de mayor desarrollo;

8. el funcionamiento de cooperativas de crédito y los requisitos para que puedan tener condiciones de operatividad y estructura propias de instituciones financieras.

1.º La autorización a que se refieren los incisos I y II será innegociables e intransferible, permitiéndose la transmisión del control de la persona jurídica titular, y concediéndose sin cargas, en la forma de la ley del sistema financiero nacional, a personas jurídicas cuyos directores tengan capacidad técnica y reputación intachable, y que demuestren capacidad económica compatible con el emprendimiento.

2.º Los recursos financieros relativos a programas y proyectos de carácter regional, de responsabilidad de la Unión, serán depositados en sus instituciones regionales de crédito y aplicados por ellas.

3.º Las tasas de interés real, incluidas comisiones y cualesquiera otras remuneraciones directa o indirectamente referidas a la concesión de créditos, no podrán ser superiores al; doce por ciento anual; el cobro por encima de éste límite será considerado como delito de usura, castigándose, en todas sus modalidades, en los términos que la ley determine.

Título VIII. Del orden social

Capítulo I. Disposición General

Sección I. Disposiciones Generales

Artículo 193. El orden social tiene como base primer el trabajo, y como objetivo el bienestar y la justicia social.

Artículo 194. La seguridad social comprende un conjunto integrado de acciones de iniciativa de los Poderes Públicos y de la sociedad, destinadas a asegurar los derechos relativos a la salud, a la previsión y a la asistencia social.

Párrafo único. Corresponde al Poder Público, en los términos de la ley, organizar la seguridad social con base en los siguientes objetivos:

1. universalidad de la cobertura y de la atención;
2. uniformidad y equivalencia de los beneficios y servicios a las poblaciones urbanas y rurales;
3. selectividad y distribución en la prestación de los beneficios y servicios;
4. irreductibilidad del valor de los beneficios;
5. equidad en la forma de participación en el coste;
6. diversidad de la base de financiación;
7. carácter democrático y descentralizado de la gestión administrativa, con la participación de la Comunidad, en especial de los trabajadores, empresarios y pensionistas.

Artículo 195. La seguridad social será financiada por toda la sociedad, de forma directa e indirecta, en los términos de la ley, mediante recursos provenientes de los presupuestos de la Unión, de los Estados, del Distrito Federal y de los Municipios, y de los siguientes aportaciones sociales:

1. de los trabajadores;
2. de los trabajadores;
3. sobre los ingresos de apuestas.

1.° Los ingresos de los Estados, del Distrito Federal y de los Municipios destinados a la seguridad social formarán parte de los respectivos presupuestos, no integrando el presupuesto de la Unión.

2.° El proyecto de presupuesto de la seguridad social será elaborado de forma integrada por los órganos responsables de la salud, previsión social y asistencia social, teniendo en cuenta las metas y prioridades establecidas en la ley de directrices presupuestarias, garantizando a cada área la gestión de sus recursos.

3.° La persona jurídica en deuda con el sistema de la seguridad social no podrá, en la forma en que la ley lo establezca, contratar con el Poder Público ni recibir de él beneficios o incentivos fiscales o crediticios.

4.° La ley podrá establecer otras fuentes destinadas a garantizar el mantenimiento o expansión de la seguridad social, obedeciendo lo dispuesto en el **Artículo** 154, I.

5.º Ningún beneficio o servicios de la seguridad social podrá crearse, mejorarse o extenderse sin la correspondiente fuente de ingresos totales.

6.º Las contribuciones sociales de que trata este articulo solo podrán ser exigidas una vez transcurridos noventa días de la fecha de publicación de la ley que las hubiese establecido o modificado, no siéndoles aplicables lo dispuesto en **Artículo** 150, III, b).

7.º Están exentas de contribución para la seguridad social las entidades benéficas de asistencia social que atiendan las exigencias establecidas en ley.

8.º El productor, el aparcero, el mediero y el arrendatario rural, el buscador de metales preciosos y el pescador artesanal, así como los respectivos cónyuges, que ejerzan sus actividades en régimen de economía familiar, sin empleados permanentes, contribuirán a la seguridad social familiar, sin empleados permanentes, contribuirán a la seguridad social mediante la aplicación de una alícuota sobre el resultado de la comercialización del producto, y adquirirán derecho a las prestaciones en los términos de la ley.

Sección II. De la Salud

Artículo 196. La salud es un derecho de todos y un deber del Estado, garantizado mediante políticas sociales y económicas que tiendan a la reducción del riesgo de enfermedad y de otros riesgos y al acceso universal e igualitario a las acciones y servicios para su promoción, protección y recuperación.

Artículo 197. Son de relevancia pública las acciones y servicios de salud correspondiendo al poder publico disponer, en los términos de la ley, sobre su regulación, fiscalización y control, debiendo ejecutarse directamente o a través de terceros y, también, por persona física o jurídica de derecho privado.

Artículo 198. Las acciones y los servicios públicos de salud integran una red regionalizada y jerarquizada y constituyen un sistema único, organizado de acuerdo con las siguientes directrices:

1. descentralización, con dirección en cada esfera de gobierno;
2. atención integral, con prioridad para las actividades preventivas, sin perjuicio de los servicios asistenciales;
3. participación de la comunidad.

Párrafo único. El sistema único de salud será financiado, en los términos del **Artículo** 195, con recursos del presupuesto de la Seguridad Social, de la Unión, de los Estados, del Distrito Federal y de los Municipios, además de otras fuentes.

Artículo 199. La asistencia sanitaria es libre para la iniciativa privada.

1.° Las instituciones privadas podrán participar de forma complementaria del sistema único de salud, según las directrices de este, mediante contrato de derecho publico o convenio, teniendo preferencia las entidades filantrópicas y las que no tengan fines lucrativos.

2.º Está prohibido el destino de recursos públicos para auxilio o subvenciones a las instituciones privadas con fines lucrativos.

3.º Está prohibida la participación directa o indirecta de empresas o capital extranjero en la asistencia sanitaria en el País, salvo en los casos previstos en ley.

4.º La ley dispondrá sobre las condiciones y los requisitos que faciliten la extracción de órganos, tejidos y sustancias humanas para fines de transplante, investigación y tratamiento, así como la extracción, procesamiento y transfusión de sangre, prohibiéndose, todo tipo de comercialización.

Artículo 200. Al sistema único de salud le corresponde, además de otras atribuciones, en los términos de la ley:

1. controlar y fiscalizar procedimientos, productos y sustancias de interés para la salud y participación en la producción de medicamentos, equipamientos, inmunobiológicos, hemoderivados y otros insumos;
2. ejecutar las acciones de vigilancia sanitaria y epidemiológica, así como las de la salud del trabajador;
3. ordenar la formación de recursos humanos en el área de salud;
4. participar en la formulación de la política y de la ejecución de las acciones de saneamiento básico;
5. incrementar en su área de actuación y desarrollo científico y tecnológico;

6. fiscalizar e inspeccionar alimentos, incluyendo el control de su valor nutritivo, así como bebidas y aguas para consumo humano;

7. participar en el control y fiscalización de la producción, transporte, guarda y uso de substancias y productos psicoactivos, tóxicos y radiactivos;

8. colaborar en la protección del medio ambiente, incluyendo el de trabajo.

Sección III. De la Previsión Social

Artículo 201. Los planes de previsión social, mediante cotización, atenderán, en los términos de la ley a:

1. cobertura de las contingencias de enfermedad, invalidez, muerte, incluidos las resultantes de accidentes de trabajo, vejez y reclusión;

2. ayuda a la manutención de los dependientes de los asegurados de baja renta;

3. protección a la maternidad, especialmente a la gestante;

4. protección al trabajador en situación de desempleo involuntario;

5. pensión por muerte del asegurado, hombre o mujer, al cónyuge o compañero y dependientes, obedeciendo lo dispuesto en el **Artículo** 5.° y en el **Artículo** 202.

1.° Cualquier persona podrá participar de los beneficios de la previsión, mediante cotización en la forma de los planes de previsión.

2.° Queda asegurado el reajuste de las percepciones para preservar, con carácter permanente, el valor real, conforme criterios definidos en ley.

3.º Todos los salarios de cotización tenidos en cuenta en el cálculo de la percepción serán corregidos monetariamente.

4.º Las ganancias habituales del empleado, por cualquier título, serán incorporadas al salario a efectos de contribución a la previsión y consiguiente repercusión en las percepciones, en las cosas y en la forma de ley.

5.º Ninguna percepción que sustituya al salario de cotización o al rendimiento de trabajo tendrá valor mensual inferior al salario mínimo.

6.º La gratificación para natalidad de los jubilados y pensionistas tendrá por base el valor de las ganancias del mes de diciembre de cada año.

7.º La Previsión social mantendrá un seguro colectivo, de carácter complementario y facultativo, costeado por cotizaciones adicionales.

8.º Están prohibidas las subvenciones o el auxilio del Poder Público a las entidades de previsión privada con fines lucrativos.

Artículo 202. Queda asegurada la jubilación, en los términos de la ley, calculándose la prestación sobre la media de los treinta y seis últimos salarios de cotización, corregidos monetariamente mes a mes y comprobándose la regularidad de los reajustes de los salarios de cotización de forme que se garanticen sus valores reales y se cumplan los siguientes requisitos:

1. a los sesenta y cinco años de edad, para el hombre, y a los sesenta, para la mujer, reduciendo en cinco años el límite de edad de los trabajadores rurales de ambos sexos y para los que ejerzan sus actividades en régimen de economía familiar, incluyendo el productor rural, el buscador de metales precisos y el pescador artesanal;

2. después de treinta y cinco años de trabajo, al hombre y, después de treinta, a la mujer o en tiempo inferior, si estuviesen sujetos a condiciones especiales de trabajo que perjudiquen la salud o la integridad físico, defini dos en ley;

3. después de treinta años al profesor y, después de veinticinco, a la profesora, por efectivo ejercicio de la función de magisterio.

1.º Se permite la jubilación anticipada, después de treinta años de trabajo, al hombre, y, después de veinticinco, a la mujer.

2.º A efectos de jubilación, se garantiza la contabilización recíproca del tiempo de cotización en la administración publica y en la actividad privada, rural y urbana, en cuyo caso los distintos sistemas de previsión se compensarán financieramente, según criterios establecidos en la ley.

Sección IV. De la Asistencia Social

Artículo 203. La asistencia social se prestará a quien de ello necesitase, independientemente de la contribución a la seguridad social, y tiene por objetivos:

1. la protección a la familia, a la maternidad, a la infancia, a la adolescencia y a la vejez;

2. el amparo a los niños y a los adolescentes carentes;

3. la promoción de la integración en el mercado de trabajo;

4. la habilitación y rehabilitación de las personas portadoras de deficiencia y la promoción de su integración en la vida comunitaria.

5. la garantía de un salario mínimo de percepción mensual a la persona portadora de deficiencia y al anciano que prueben no poseer medios de proveer su propia manutención o no tenerla provista por su familia, conforme dispusiese la ley.

Artículo 204. Las acciones gubernamentales en el área de asistencia social serán realizadas con recursos del presupuesto de la seguridad social, previstos en el **Artículo** 195, además de otras fuentes, y organizadas en base a las siguientes directrices:

1. descentralización político-administrativa, correspondiendo la coordinación y las normas generales a la esfera federal y la coordinación y la ejecución de los respectivos programas a las esferas estatal y municipal, a sí como a entidades de beneficencia y de asistencia social;

2. la participación de la población, por medio de organizaciones representativas, en la formulación de las políticas y en el control de las acciones en todos los niveles.

Capítulo III. De la Educación, de la Cultura y del Deporte

Sección I. De la Educación

Artículo 205. La Educación, derecho de todos y deber del Estado y de la familia, será promovida e incentivada con la colaboración de la sociedad, tendiendo al pleno desarrollo de la persona, a su preparación para el ejercicio de la ciudadanía y a su calificación para el trabajo.

Artículo 206. La enseñanza se impartirá con base en los siguientes principios:

1. igualdad de condiciones para el acceso y la permanencia en la escuela;
2. libertad de aprender, enseñar, investigar y divulgar el pensamiento, el arte y el saber;
3. pluralismo de ideas y de concepciones pedagógicas, y coexistencia de instituciones publicas y privadas de enseñanza;
4. gratuidad de la enseñanza pública en establecimientos oficiales;
5. valoración de los profesionales de la enseñanza, garantizando, en la forma de la ley, planes de carrera para el magisterio publico, con base salarial profesional e ingreso exclusivamente por concurso público de pruebas y tí tulos, asegurando un régimen jurídico único para todas las instituciones mantenidas por la unión;
6. gestión democrática de la enseñanza pública, en la forma de la ley;
7. garantía del patrón de calidad.

Artículo 207. Las universidades gozan de autonomía didáctico-científica, administrativa y de gestión financiera y patrimonial y obedecerán al principio de la indisociabilidad entre enseñanza, investigación y divulgación.

Artículo 208. El deber del Estado con la educación se hará efectivo mediante la garantía de:

1. enseñanza fundamental, obligatoria y gratuita, incluso para los que no tuvieran acceso a ella en la edad apropiada;
2. progresiva extensión de la obligatoriedad y gratuidad a la enseñanza media;
3. atención educacional especial a los portadores de deficiencias, preferentemente en el sistema ordinario de enseñanza;
4. atención en guarderías y centros preescolares a los niños de cero a seis años de edad;
5. acceso a los niveles más elevados de enseñanza, de investigación y de creación artística según la capacidad de cada uno;
6. oferta de enseñanza nocturna regular, adecuada a las condiciones del educando;
7. atención al educando, en la enseñanza fundamental, a través de programas suplementarios de material didáctico-escolar, transporte, alimentación y asistencia a la salud.

1.º El acceso a la enseñanza obligatoria y gratuita es un derecho publico subjetivo.

2.º El no ofrecimiento de enseñanza obligatoria por le Poder Público, o su oferta irregular, comporta la responsabilidad de la autoridad competente.

3.º Corresponde al Poder Público, censar a los educandos en la enseñanza fundamental, convocarlos y velar, junto a los padres y responsables por la frecuencia en la escuela.

Artículo 209. La enseñanza es libre a la iniciativa privada, atendiendo a las siguientes condiciones:

1. cumplimiento de las normas generales de la educación nacional;
2. autorización y evaluación de calidad por el Poder Público.

Artículo 210. Se fijarán mínimos para la enseñanza fundamental de manera que se asegure la formación básica común y el respeto a los valores culturales y artísticos, nacionales y regionales.

1.º La enseñanza religiosa, de recepción facultativa, constituirá una disciplina en los horarios normales de las escuelas públicas de enseñanza fundamental.

2.º La enseñanza fundamental regular será impartida en lengua portuguesa y se asegurará, también, a las comunidades indígenas el uso de sus lenguas maternas y métodos propios de aprendizaje.

Artículo 211. La Unión, los Estados, el Distrito Federal y los Municipios organizarán en régimen de colaboración sus sistemas de enseñanza.

1.º La Unión organizará y financiará el sistema federal de enseñanza y de los Territorios y prestará asistencia técnica y financiera a los Estados, al Distrito Federal y a los Municipios para el Desarrollo de sus sistemas de enseñanza y la atención prioritaria a la escolaridad obligatoria.

2.º Los Municipios actuarán prioritariamente en la enseñanza fundamental y preescolar.

Artículo 212. La Unión, aplicará, anualmente, no menos de dieciocho por ciento, y los Estados, el Distrito Federal y los municipios veinticinco por ciento, como mínimo, de ingresos provenientes de impuestos, incluyendo los procedentes de transferencias, en el mantenimiento y desarrollo de la enseñanza.

1.º La parte de recaudación de impuestos transferidos por la Unión, el Distrito Federal y los Municipios, o por los Estados a los respectivos Municipios, no se considerá, a efectos del cálculo contenido en este **Artículo**, ingreso del gobierno que los transfiere.

2.º A efectos del cumplimiento de los dispuesto en «caput» de este articulo, se tendrán en cuenta los sistemas de enseñanza federal, estatal y municipal y los recursos aplicados en la forma del **Artículo** 213.

3.º La distribución de los recursos públicos garantizará atención prioritaria a las necesidades de la enseñanza obligatoria, en los términos del plan nacional de educación.

4.º Los programas suplementarios de alimentación y asistencia sanitaria previstos en el **Artículo** 208, VII, se financiarán con recursos procedentes de cotizaciones sociales y otros recursos complementarios.

5.° La enseñanza pública fundamental tendrá como fuente adicional de financiación la cotización social del salario educación, recaudado, en la forma de la ley, por las empresas, que del mismo podrán deducir los gastos realizados en la enseñanza fundamental de sus empleados y dependientes.

Artículo 213. Los recursos públicos estarán destinados a escuelas públicas, pudiendo invertirse en escuelas comunitarias, confesionales y filantrópicas, definidas en la ley, que:

1. prueben el destino no lucrativo y apliquen sus excedentes financieros en educación;
2. aseguren el destino de su patrimonio a otra escuela comunitaria, filantrópica o confesional, o al Poder Público, en caso de cesación en sus actividades.

1.° Los recursos de que trata este articulo podrán destinarse a becas de estudio para la enseñanza fundamental o media, en la forma de la ley, para los que demostrasen insuficiencia de recursos, cuando faltasen plazas y cursos regulares en la red pública de la localidad de residencia del educando, quedando el Poder Público obligado a invertir prioritariamente en la expansión en su red de la localidad.

2.° Las actividades universitarias de investigación y divulgación podrán recibir apoyo financiero del Poder Público.

Artículo 214. La ley establecerá el plan nacional de educación, de duración plurianual, tendiendo a la articulación y al desarrollo de la enseñanza en sus diversos niveles y la integración de las actuaciones del Poder Público que conduzcan a:

1. erradicación del analfabetismo;
2. universalización de la atención escolar;
3. mejoría de la calidad de la enseñanza;
4. formación para el trabajo;
5. promoción humanística, científica y tecnológica del País.

Sección II. De la Cultura

Artículo 215. El estado garantizará a todos el pleno ejercicio de los derechos culturales y el acceso a las fuentes de la cultura nacional, y apoyará e incentivará la valoración y difusión de las manifestaciones culturales.

1.° El Estado protegerá las manifestaciones de las culturales populares, indígenas y afro-brasileñas y los otros grupos participantes en el proceso de civilización nacional.

2.° La ley dispondrá sobre la fijación de fechas conmemorativas de alta significación para los diferentes segmentos éticos nacionales.

Artículo 216. Constituyen patrimonio cultural brasileño los bienes de naturaleza material y inmaterial, tomados individualmente o en conjunto, portadores de referencias a la identidad, a la actuación y a la memoria de los diferentes grupos formadores de la sociedad brasileña, en los cuales se incluyen:

1. las formas de expresión;
2. los modos de crear, hacer y vivir;
3. las creaciones científicas, artísticas y tecnológicas;
4. las obras, objetos, documentos, edificaciones y demás espacios destinados a las manifestaciones artístico-culturales;
5. los conjuntos urbanos y lugares de valor histórico, paisajístico, artístico, arqueológico, paleontológico, ecológico y científico.

1.º El poder Público, con la colaboración de la Comunidad, promoverá y protegerá el patrimonio cultural brasileño, por medio de inventarios, registros, vigilancia, catastros y desaprobación, y de otras formas de prevención y conservación.

2.º Corresponden a la administración pública, en la forma de la ley, la gestión de la documentación gubernamental y las autorizaciones para el acceso a su consulta a cuantos de ella necesiten.

3.º La ley establecerá incentivos para la producción y el conocimiento de bienes y valores culturales.

4.º Los daños y amenazas al patrimonio cultural serán castigados en la forma de la ley .

5.º Quedan registrados todos los documentos y los lugares detentadores de reminiscencias históricas de los antiguos «quilombos».

Sección III. Del Deporte

Artículo 217. Es deber del Estado fomentar las prácticas deportivas formales y no formales, como derecho de cada uno , observando:

1. La autonomía de las entidades deportivas dirigentes y de las asociaciones, en lo referente a su organización y funcionamiento;
2. el destino de los recursos públicos a la promoción prioritaria del deporte escolar y, en casos específicos, para el deporte de alta competición;
3. el tratamiento diferenciado para el deporte profesional y no profesional;
4. la protección y el incentivo a las manifestaciones deportivas de creación nacional.

1.º El Poder Judicial solo admitirá acciones relativas a la disciplina y a las competiciones deportivas una vez agotadas las instancias de la justicia deportiva, regulada en la ley.

2.º La justicia deportiva tendrá el plazo máximo de sesenta días, contados desde la instrucción del proceso, para dictar la resolución final.

3.º El Poder Público incentivará el ocio, como forma de promoción social.

Capítulo IV. De la ciencia y tecnología

Artículo 218. El Estado promoverá y incentivará el desarrollo científico, la investigación y la capacitación tecnológica.

1.º La investigación científica básica recibirá tratamiento prioritario del Estado, teniendo en cuenta el bien publico y el progreso de la ciencia.

2.º La investigación tecnológica se dirigirá prioritariamente a la solución de los problemas brasileños y al desarrollo del sistema productivo nacional y regional.

3.º El Estado apoyará la formación de recursos humanos en las áreas de ciencia, investigación y tecnología, y concederá a los que de ellas se ocupen medios y condiciones especiales de trabajo.

4.º La ley apoyará y estimulará a las empresas que inviertan en investigación, creación de tecnología adecuada al País, formación y perfeccionamiento de sus recursos humanos y que practiquen sistemas de remuneración que aseguren al empleado, a parte del salario, participación en las ganancias económicas derivadas de la productividad de su trabajo.

5.º Se permite a los Estados y al Distrito Federal, una parte de sus ingresos presupuestarios a entidades publicas de fomento a la enseñanza y ala investigación científica y tecnológica.

Artículo 219. El mercado interno integra el patrimonio y será incentivado de manera que se haga viable el desarrollo cultural y socioeconómico, el bienestar de la población y la autonomía tecnológica del País en los términos de la ley federal.

Capítulo V. De la comunicación social

Artículo 220. La manifestación del pensamiento, la creación, la expresión y la formación, bajo cualquier proceso o vehículo no sufrirán ninguna restricción observándose los dispuesto en esta Constitución.

1.º No contendrá la ley ninguna disposición que pueda construir una traba a la plena libertad de información periodística en cualquier medio de comunicación social, observándose lo dispuesto en el **Artículo** 5.º , IV, V, X, XIII y XIV.

2.º Está prohibida toda censura de naturaleza política, ideológica y artística .

3.º Corresponde a la ley Federal:

1. regular las diversiones y espectáculos públicos, correspondiendo al Poder Público informar sobre su naturaleza, los límites de edad para los que se recomiendan, los locales y horarios en que su presentación se muestr e inadecuada.
2. Establecer los medios legales que garanticen a la persona y a la familia la posibilidad de defenderse de programas o programaciones de radio y televisión que contraríen lo dispuesto en el **Artículo** 221, así como de la publicidad de productos, prácticas y servicios que puedan ser nocivos a la salud y al medio ambiente.

4.º La publicidad comercial de tabaco, bebidas y agrotóxicos, medicamentos y terapias estará sujeta a restricciones legales, en los términos del inciso II del párrafo anterior, y contendrá, siempre que fuese necesario, advertencia sobre los perjuicios derivados de su uso.

5.° Los medios de comunicación social no pueden, directa o indirectamente, ser objeto de monopolio o oligopolio.

6.° La publicación de medios impresos de comunicación no necesita de licencia de la autoridad.

Artículo 221. La producción y la programación de las emisoras de radio y televisión, atenderán a los siguientes principios:

1. preferencia a las finalidades educativas, artísticos, culturales e informativas;
2. promoción de la cultura nacional y regional y estimulo a la producción independiente que haga posible su divulgación;
3. regionalización de la producción cultural, artística y periodística, de acuerdo con los porcentajes establecidos en la ley;
4. respeto a los valores éticos y sociales de la persona y de la familia.

Artículo 222. La propiedad de empresas periodísticas y de radiodifusión sonora y de sonidos e imágenes es privativa de brasileños de origen o naturalizados hace más de diez años, a los cuales corresponderá la responsabilidad por su administración y orientación intelectual.

1.º Se prohibe la participación de personas jurídicas en el capital social de las empresas periodísticas y de radiodifusión, excepto a partidos políticos y sociedades cuyo capital corresponda exclusiva y nominalmente a brasileños.

2.º La participación señalada en el párrafo anterior solo se efectuará a través de capital sin derecho a voto y no podrá exceder del treinta por ciento del capital social.

Artículo 223. Corresponde al Poder Ejecutivo otorgar y renovar concesiones, permisos y autorizaciones para el servicio de radiodifusión sonora y de sonidos e imágenes, observando el principio de complementariedad de los sistemas privado, publico y estatal.

1.º El Congreso Nacional examinará el acto en el plazo del **Artículo** 64, 2.º y 4.º, a contar desde la recepción de la comunicación.

2.º La no renovación de la concesión o permiso dependerá de la aprobación de al menos, dos quintos del Congreso Nacional, en votación nominal.

3.º La renovación de la concesión o permiso, antes del vencimiento del plazo, depende de decisión judicial.

4.º El plazo de concesión o permiso, será de diez años para las emisoras de radio y de quince para las de televisión.

Artículo 224. A los efectos de lo dispuesto en esta capítulo, el Congreso Nacional, instituirá, como órgano auxiliar, el Consejo de Comunicación Social, en la forma de la ley.

Capítulo VI. Del medio ambiente

Artículo 225. Todos tienen derecho a un medio ambiente ecológicamente equilibrado, bien de uso común del pueblo y esencial para una sana calidad de vida, imponiéndose al Poder Público y ala colectividad el deber de defenderlo y preservarlo para las generaciones presentes y futuras.

1.º Para asegurarla efectividad de este derecho, incumbe al poder público:

1. preservar y restaurar los procesos ecológicos esenciales y procurar el tratamiento ecológico de las especies y ecosistemas;
2. preservar la diversidad y la integridad del patrimonio genético del País y fiscalizar a las entidades dedicadas a la investigación y manipulación de material genético;
3. definir en todas las unidades de la Federación, espacios territoriales y sus componentes para ser objeto de especial protección, permitiéndose la alteración y la supresión solamente a través de ley, prohibiéndose cualquier uso que comprometa la integridad de los elementos que justifican su protección;
4. exigir, en la forma de la ley, para la instalación de obras o actividades potencialmente causantes de degradación significativa del medio ambiente, un estudio previo del impacto ambiental, al que se dará publicidad;
5. controlar la producción, la comercialización y el empleo de técnicas, métodos y sustancias que supongan riesgos para la vida, para la calidad de vida y para el medio ambiente;

6. promoverla educación ambienta en todos los niveles de enseñanza y la conciencia publica para la preservación del medio ambiente;

7. proteger la fauna y la flora, prohibiéndose, en la forma de la ley, las prácticas que pongan en riesgo su fusión ecológica, provoquen la extinción de especies o sometan a los animales a la crueldad.

2.° Los que explotasen recursos minerales quedan obligados a reponer el medio ambiente degradado, de acuerdo con la solución técnica exigida por el órgano público competente, en la forma de la ley.

3.° Las conductas y actividades consideradas lesivas al medio ambiente sujetan a los infractores, personas físicas o jurídicas, a sanciones penales y administrativas, independientemente de la obligación de reparar el daño causado.

4.° La floresta Amazónica brasileña, la Mata Atlántica, la Sierra del Mar, el Pantanal Mato Grossense y la zona Costera son patrimonio nacional, y su utilización se hará en la forma de la ley, dentro de las condiciones que aseguren la preservación del medio ambiente, incluyendo lo re referente al uso de los recursos naturales.

5.° Son indisponibles las tierras desocupadas o las adquiridas por los Estados, a través de acciones discriminatorias, necesarias para la protección de los ecosistemas naturales.

6.° Las fábricas que operen con reactor nuclear deberán tener su localización definida en ley federal, sin la cual no podrán instalarse.

Capítulo VII. DE la familia, del niño, del adolecente y del anciano

Artículo 226. La familia base de la sociedad, es objeto de especial protección por el Estado.

1.º El matrimonio es civil y su celebración es gratuita.

2.º El matrimonio religioso tiene efecto civil, en los términos de la ley.

3.º A efectos de la protección por el Estado, se reconoce la unión estable entre el hombre y la mujer como entidad familiar, debiendo la ley facilitar su conversión en matrimonio.

4.º Se considera, también, como entidad familiar la comunidad formada por cualquier de los padres y sus descendientes.

5.º Los derechos y deberes referentes a la sociedad conyugal serán ejercidos con igualdad por el hombre y por la mujer .

6.º El matrimonio civil puede disolverse por divorcio, después de previa separación judicial por más de un año en los casos expresadas en la ley, o probándose la separación de hecho por más de dos años.

7.º Fundado en los principios de dignidad de la persona humana y de paternidad responsable, la planificación familiar es libre decisión del casado, correspondiendo al Estado propiciar recursos educacionales y científicos para el ejercicio de ese derecho, prohibiéndose cualquier actuación coactiva por parte de instituciones oficiales o privadas.

8.° El Estado garantizará la asistencia familiar en la persona de cada uno de los que la integran, creando mecanismos para evitar la violencia en el ámbito de sus relaciones.

Artículo 227. Es deber de la familia, de la sociedad y del Estado asegurar al niño y al adolescente, con absoluta prioridad, el derecho a la vida a la salud, a la alimentación, al a educación, al ocio, a la profesionalización, a la cultura, a la dignidad, al respeto, a la libertad y a la convivencia familiar y comunitaria, además de protegerlos de toda forma de negligencia, discriminación, explotación, violencia, crueldad y opresión .

1.° El Estado promoverá programas de asistencia integral a la salud del niño y del adolescente, admitiéndose la participación de entidades no gubernamentales y obedeciendo los siguientes preceptos:

1. aplicación de un porcentaje de los recursos públicos destinados o la salud en la asistencia materno-infantil.
2. Creación de programas de prevención y atención especializados para los portadores de deficiencia física, sensorial o mental, así como de integración social del adolescente portador de deficiencia, mediante la formación para el trabajo y la convivencia, y el favorecimiento del acceso a los bienes y servicios colectivos, con la eliminación de discriminaciones, y obstáculos arquitectónicos.

2.º La ley regulará la construcción de los paseos públicos y de los edificios de uso público y la fabricación de vehículos de transporte colectivo, a fin de garantizar el acceso adecuado a las personas portadoras de deficiencia.

3.º El derecho a la protección especial abarcará los siguientes aspectos:

1. edad mínima de catorce años para la admisión al trabajo, observándose lo dispuesto en el **Artículo** 7, XXXIII;
2. garantía de derechos de previsión y laborales;
3. garantía del acceso del trabajador adolecente a la escuela;
4. garantía de pleno y formal conocimiento de la imputación de actos infractores, de la igualdad en la relación procesal y de la defensa técnica por profesional habilitado, según dispusiese la legislación tutelar específica;
5. obediencia a los principios de brevedad, exepcionalidad y respeto a la condición peculiar de la persona en desarrollo, en la aplicación de cualquier medida privativa de libertad;
6. estímulo del Poder Público, a través de asistencia jurídica, incentivos fiscales y subsidios, en los términos de la ley, al acogimiento, bajo la forma de guarda; del niño o adolescente huérfano o abando nado;
7. programas de prevención y atención especializada al niño y al adolescente dependiente de estupefacientes y drogas afines.

4.º La ley castigará severamente el abuso, la violencia y la explotación sexual del niño y del adolescente.

5.º La adopción estará asistida por el Poder Público, en la forma de la ley, que establecerá los casos y condiciones de su ejercicio por parte de extranjeros.

6.º Los hijos habidos o no dentro de la relación matrimonial o por adopción, tendrán los mismos derechos y calificaciones, prohibiéndose cualquier diferencia discriminatoria relativa a la filiación.

7.º En la atención a los derechos del niño y del adolescente se tendrá en cuenta lo dispuesto en el **Artículo** 204.

Artículo 228. Los menores de dieciocho años, sujetos a las normas de la legislación especial, son penalmente inimputables.

Artículo 229. Los padres tienen el deber de asistir, criar y educar a sus hijos mayores tienen el deber de ayudar y amparar a los padres en la vejez, carencia o enfermedad.

Artículo 230. La familia, la sociedad y el Estado tienen el deber de amparar a los ancianos, asegurando su participación en la comunidad, defendiendo su dignidad y bienestar y garantizándoles el derecho a la vida .

1.º Los programas de amparo a los ancianos serán ejecutados preferentemente en su casas.

2.º Se garantiza a los mayores de sesenta y cinco años la gratuidad de los transportes colectivos urbanos.

Capítulo VIII. De los indios

Artículo 231. Se reconoce a los indios su organización social, costumbres, lenguas creencias, tradicionales y los derechos originarios sobre las tierras que tradicionalmente ocupan, correspondiendo a la Unión demarcarlas, protegerlas y hacer que se respeten todos sus bienes.

1.º Son tierras tradicionalmente ocupadas por los indios las habitadas por ellos con carácter permanente, las utilizadas para sus actividades productivas, las imprescindibles para la preservación de los recursos ambientales necesarios para su bienestar y las necesarias para su reproducción física y cultural, según sus usos, costumbres y tradiciones.

2.º Las tierras tradicionalmente ocupadas por los indios se destinan a su posesión permanente, correspondiéndoles el usufructo exclusivo de las riquezas del suelo, de los ríos y de los lagos existentes en ellas.

3.º El aprovechamiento de los recursos hidráulicos, incluido el potencial energético, la búsqueda y extracción de las riquezas minerales en tierras indígenas solo pueden ser efectuadas con autorización del Congreso Nacional, oídas las comunidades afectadas, quedándoles asegurada la participación en los resultados de la extracción, en la forma de la ley.

4.º Las tierras de que trata este **Artículo** son inalienables e indisponibles y los derechos sobre ellas imprescriptibles.

5.º Está prohibido el traslado de los grupos indígenas de sus tierras, salvo «ad referendum» del Congreso Nacional, en caso de catástrofe o epidemia que ponga en peligro su población, o en interés de la soberanía del país, después de deliberación del Congreso Nacional, garantizándose, en cualquier hipótesis, el retorno inmediato después que cese el peligro.

6.º Son nulos y quedan extinguidos, no produciendo efectos jurídicos, los actos que tengan por objeto la ocupación, el dominio y la posesión de las tierras a que se refiere este **Artículo**, o la explotación de las riquezas naturales del suelo, de los ríos y de los lagos en ellas existentes, salvo por caso de relevante interés público de la Unión, según lo dispusiese una ley complementaria, no generando la nulidad y extinción derecho a indemnización o acciones contra la Unión, salvo en la forma de la ley, en lo referente a mejoras derivadas de la ocupación de buena fe.

7.º No se aplica a las tierras indígenas lo dispuesto en el **Artículo** 174, 3.º y 4.º

Artículo 232. Los indios, sus comunidades y organizaciones son partes legítimas para actuar en juicio en defensa de sus derechos e intereses interviniendo el ministerio público en todos los actos del proceso.

Título IX. De las disposiciones constitucionales generales

Artículo 233. A efectos del **Artículo** 7.º , XXIX, el empleador rural probará de cinco en cinco años ante la justicia de Trabajo, el cumplimiento de sus obligaciones laborales con el empleado rural, en la presencia de éste y de su representación sindical.

1.º Una vez probado el cumplimiento de las obligaciones, mencionadas en este **Artículo**, queda el empleador exento de cualquier carga derivada de aquellas obligaciones en el período respectivo. En el caso de que el empleado y su representante no estuviesen de acuerdo con la prueba del empleador corresponderá a la justicia del Trabajo la solución de la controversia.

2.º Queda garantizado el empleado, en cualquier hipótesis, el derecho a reclamar judicialmente los créditos que entendiese existentes, relativos a los últimos cinco años.

3.º La prueba mencionada en este **Artículo** podrá hacerse en plazo inferior a cinco años, según criterio del empleador.

Artículo 234. Se prohibe a la Unión, directa o indirectamente asumir, como consecuencia de la creación de un Estado, obligaciones referentes a gastos de personal inactivo y obligaciones y amortizaciones de la deuda externa e interna de la Administración pública, incluida lo indirecta.

Artículo 235. En los diez primeros años de la creación del Estado se observarán las siguientes normas básicas:

1. La Asamblea General estará compuesta por diecisiete diputados si la población del Estado fuese inferior a seiscientos mil habitantes y de veinticuatro si fuese igual o superior a ese número, hasta un millón quinientos mil;

2. El Gobierno tendrá como máximo diez Secretarías;

3. El Tribunal de Cuentas tendrá tres miembros, nombrados por el Gobierno electo, de entre brasileños de probada idoneidad y notorio saber;

4. El Tribunal de Justicia siete jueces de Apelación;

5. Los primeros Jueces de Apelación serán nombrados por el gobernador electo, escogidos de la siguiente forma:

1. cinco entre Magistrados con más de treinta y cinco años de edad en ejercicio en el área del nuevo Estado o del Estado del origen.

2. dos entre promotores fiscales, en las mismas condiciones y abogados de comprobada idoneidad y saber jurídico, con diez años, al menos , de ejercicio profesional, atendiendo el procedimiento fijado en la Constitución.

6. En el caso de Estado proveniente de Territorio Federal, los cinco primeros Desembargadores podrán ser escogidos entre jueces de derecho de cualquier parte del país;

7. En cada Comarca, el primer juez de Derecho, el primer promotor de Justicia y el primer defensor de oficio serán nombrados por el gobernador electo después de concurso público de pruebas y títulos.;

8. Hasta la promulgación de la Constitución Estatal desempeñarán la Procuradoría General, la Abogacía General y la Defensa General del Estado abogados de notorio saber con menos treinta y cinco años de edad nombrados por el Gobernador electo y que pueden ser cesados «ad nutum»;

9. Si el nuevo Estado fuese el resultado de la transformación de un territorio federal la transferencia de recursos

financieros de la Unión para pago de los funcionarios optantes que pertenecían a la Administración Federal se producirá de las siguientes formas:

1. en el sexto año de la constitución, el Estado asumirá el veinte por ciento de los recursos financieros para hacer frente al pago de los funcionarios públicos, quedando todavía los restantes bajo la responsabilidad de la Unión;

2. El en séptimo año, los recursos del Estado serán incrementados con un treinta por ciento y en el octavo con el restante cincuenta por ciento;

10. Los nombramientos que sigan a los primeros para los cargos mencionados en este **Artículo** serán regulados en la Constitución Estatal;

11. Los gastos presupuestarios de personal no podrán sobrepasar el cincuenta por ciento de los ingresos del Estado.

Artículo 236. Los servicios notariales y de registro se ejercerán con carácter privado por delegación del poder público.

1.° La ley regulará las actividades, disciplinará la responsabilidad civil y penal de los notarios, los oficiales de registro y sus delegados y regulará la fiscalización de sus actos por el poder judicial.

2.° La ley federal establecerá normas generales para la fijación de emolumentos relativos a los actos practicados por los servicios notariales y de registro.

3.° El ingreso en la actividad notarial y de registro depende de concurso público de pruebas y títulos no permitiéndose que ninguna plaza quede vacante sin apertura de concurso de provisión o de traslado por más de seis meses.

Artículo 237. La fiscalización y el control sobre el comercio exterior, esencial para la defensa de los intereses de la Hacienda nacional, será ejercido por el Ministerio de Hacienda.

Artículo 238. La ley organizará la venta y reventa de Combustibles de petróleo, alcohol carburante y otros Combustibles derivados de materias primas renovables, respetando los principios de esta Constitución.

Artículo 239. La recaudación derivada de las aportaciones para el programa de integración social, creado por la ley complementaria No. 7 de septiembre de 1970 y para el Programa de Formación del Patrimonio del Funcionario Público, creado por la ley complementaria No. 8 de 3 diciembre de 1970, pasa, a partir de la promulgación de esta Constitución, a financiar, en los términos que la ley dispusiese, el programa de seguro de desempleo y la remuneración que trata el 3.º de este **Artículo**

1.º Por lo menos, el cuarenta por ciento de los recursos mencionados en el «caput» de este articulo serán destinados a financiar programas de desarrollo económico a través del Banco Nacional de Desarrollo Económico y Social, con criterios de remuneración que preserven su valor.

2.º Los patrimonios acumulados del programa de integración social y del Programa de Formación del Patrimonio del funcionario publico estarán protegidos, manteniéndose los criterios para su disposición en las situaciones previstas en las leyes específicas, con excepción de la retirada por motivo de matrimonio, estando prohibida la distribución de la recaudación de que trata el «caput» de este **Artículo**, para depósito en las cuentas individuales de los participantes.

3.° A los empleados que perciban de empleadores que contribuyan al programa de integración social o al Programa de Formación del Funcionario Público hasta dos salarios mínimos de remuneración mensual se les garantizará el pago de un salario mínimo anual, computando en su valor el rendimiento de las cuentas individuales, en el caso de aquellos que participaban en los referidos programas, hasta la fecha de promulgación de esta Constitución.

4.° La financiación del seguro de desempleo recibirá una contribución adicional de las empresas cuyo índice de rotatividad de la fuerza de trabajo superarse el índice medio de rotatividad del sector, en la forma establecida por ley.

Artículo 240. Quedan a salvo de lo dispuesto en el **Artículo** 195, las actuales contribuciones obligatorias de los empleadores sobre la hoja de salarios, destinadas a las entidades privadas de servicio social y de formación profesional, vinculadas al sistema sindical.

Artículo 241. A los delegados e la policía de carrera se aplicará el principio del **Artículo** 39, 1.°, referido a las carreras disciplinadas en el **Artículo** 135 de esta Constitución.

Artículo 242. El principio del **Artículo** 206, IV, no se aplica a las instituciones educativas oficiales, creadas por ley estatal o municipal y existentes en la fecha de la promulgación de esta Constitución, que sean, total o preponderantemente, mantenidas con recursos públicos.

1.° La enseñanza de la historia de Brasil tendrá en cuenta las contribuciones de las diferentes culturas y etnias a la formación del pueblos brasileño.

2.° El Colegio Pedro II, localizado en la ciudad de Río de Janeiro, será mantenido en la órbita federal.

Artículo 243. Las tierras, de cualquier región del país, en las que fuesen localizados cultivos ilegales de plantas psicotrópicas, serán inmediatamente expropiadas y destinadas específicamente al asentamiento de colonos para el cultivo de productos alimenticios y medicinales, sin ninguna indemnización al propietario y sin perjuicio de otras sanciones previstas en la ley.

Párrafo único. Todo y cualquier bien de valor económico aprehendido como consecuencia de tráfico ilícito de estupefacientes y drogas afines será confiscado y revertirá en beneficio de instituciones y personal especializados en el tratamiento y recuperación de adictos y en el equipamiento y sostenimiento de actividades de fiscalización, control, prevención y represión del delito de tráfico de esas sustancias.

Artículo 244. La ley regulará la adaptación de los paseos públicos, de los edificios de uso público y de los vehículos de transporte colectivo, actualmente existentes, a fin de garantizar el acceso adecuado a las personas portadoras de deficiencias conforme a lo dispuesto en el **Artículo** 227, 2.°

Artículo 245. La ley regulará las hipótesis y condiciones en que el poder público prestará asistencia a los herederos y dependientes necesitados de las personas víctimas de delito doloso, sin perjuicio de la responsabilidad civil del autor del ilícito.

www.ingramcontent.com/pod-product-compliance
Lightning Source LLC
LaVergne TN
LVHW100125051026
849525LV00004B/1284